极简

古代
亚洲史

［英］
梅雷迪思·麦克阿德尔
— 著 —

刘晗
— 译 —

世界图书出版公司
北京·广州·上海·西安

图书在版编目（CIP）数据

极简古代亚洲史 /（英）梅雷迪思·麦克阿德尔著；刘晗译. — 北京：世界图书
出版有限公司北京分公司，2021.8
ISBN 978-7-5192-7904-2

Ⅰ.①极… Ⅱ.①梅…②刘… Ⅲ.①亚洲－历史－古代 Ⅳ.①K3

中国版本图书馆CIP数据核字（2020）第184941号

The History of Ancient Asia by Meredith Macardle
Originally published in English under the title The History f Ancient Asia © Worth
Press Ltd,Bath,England,2019.
Simplified Chinese edition copyright:
2021 Beijing World Publishing Corporation,Ltd. All rights reserved.

书　　名	极简古代亚洲史
	JIJIAN GUDAI YAZHOU SHI
著　　者	［英］梅雷迪思·麦克阿德尔
译　　者	刘　晗
责任编辑	王思惠
封面设计	棱角视觉
出版发行	世界图书出版有限公司北京分公司
地　　址	北京市东城区朝内大街137号
邮　　编	100010
电　　话	010-64038355（发行）　64033507（总编室）
网　　址	http://www.wpcbj.com.cn
邮　　箱	wpcbjst@vip.163.com
销　　售	新华书店
印　　刷	北京雅昌艺术印刷有限公司
开　　本	710mm×1000mm　1/16
印　　张	15.5
字　　数	295千字
版　　次	2021年8月第1版
印　　次	2021年8月第1次印刷
版权登记	01-2019-2285
国际书号	ISBN 978-7-5192-7904-2
定　　价	98.00元

目　录

引言

古代亚洲率先见证了人类社会向前迈出的举足轻重的步伐。这片大陆的江河流域是人类的家园，在那里，他们独立自主地发现了农业，发明了文字，建造了城市，并且成就了伟大的文明。这些古老的亚洲文明为后世留下了辉煌的遗产，赋予我们汉穆拉比法典（Hammurabi's Code of Law）、兵马俑、沐浴仪式及其他有形和无形的历史遗绪。

这片大陆也是世界上一些主要宗教的发源地，包括印度教、佛教，以及犹太教、基督教和伊斯兰教这三种一神论信仰。

毋庸置疑的是，这些社会没有什么典型的"亚洲"特色，这些古代人没有一个会认为自己是"亚洲人"。大陆分离的思想是一个多年后才有的人类观念。古希腊人最初用"亚洲"这个词来表示他们东部的土地——小亚细亚（Asia Minor）和波斯——就像他们把地中海沿岸以南的所有人都称为"利比亚人"一样，而"欧洲人"则来自希腊世界以西的土地。所有这些名字都来源于古希腊民众爱戴的女神。后来，"亚洲"一词被用于东方的其他国家。

当然，从学术层面上来讲，欧亚大

位于中国西安的兵马俑

陆是一块陆地，甚至通过现在被苏伊士运河一分为二的狭长地带与非洲相连。因此，在这方面，现代大陆的划分可以说有些武断。到1850年左右，地图绘制者将亚洲置于乌拉尔山脉（Ural Mountains）以东、高加索山脉（Caucasus Mountains）以南和黑海以南。西奈半岛和塞浦路斯也被囊括在亚洲之内。海洋构成了大陆的其他边界：北极、印度和太平洋。一些印尼岛屿则不属于亚洲。

这意味着，哈萨克斯坦、俄罗斯和土耳其地区都有一部分位于欧洲以及亚洲。就土耳其而言，其亚洲领土安纳托利亚半岛也被称为小亚细亚。虽然土耳其的现代城市伊斯坦布尔是世界上唯一一个横跨两个大洲的城市，但其历史最悠久的地区拜占庭和君士坦丁堡都位于欧洲。

对于古代世界的终结，没有一个统一的日期。各个地域向现代社会或中世纪的过渡时期也有所不同。在西亚，穆斯林阿拉伯人结束了古代社会，所以这本书以公元610年为终止日期，也就是穆罕默德（Muhammad）第一次得到启示的那一年，在那之后他创传了伊斯兰教。

《摩西与十诫》，亨利·席勒作品，1874年

新苏美尔人建造的乌尔塔台阶

3

17世纪的亚洲地图

亚洲史中的重要文明脉络

注：所标日期为概略估算

公元前

	4000	3750	3500	3250	3000	2750	2500

西亚

美索不达米亚
- 苏美尔（前 3500—前 2300）
- 阿卡德（前 2300—前 1894）
- 巴比伦（前 1894—前 539）
- 亚述帝国中期（前 1340—前 1032）
- 新亚述（前 911—前 609）

伊朗
- 埃兰王国（前 2000—前 640）
- 阿契美尼德 / 波斯帝国（前 550—前 334）
- 亚历山大帝国（前 334—前 321）
- 塞琉西帝国（前 312—前 63）
- 帕提亚帝国（前 171—224）
- 萨珊帝国（前 224—前 651）

阿尔撒息 (Arsacids) 王朝的创始人阿萨息斯一世的一枚德拉克马银币上刻有他的希腊名字

乌鲁克祭祀瓶 (Warka Vase) 是在伊拉克南部乌鲁克古城废墟苏美尔女神伊南娜的神庙建筑群中发现的一件雪花石膏精雕细琢的器皿

巴勒斯坦 / 以色列 / 黎凡特
- 腓尼基（前 1550—前 300）
- 海上民族（前 1276—前 1178）
- 以色列人（前 1200—前 1000）
- 大卫与所罗门王国（前 1000—前 924）
- 以色列和犹太王国（前 924—前 142）
- 哈斯摩尼王朝，犹太（前 142—前 63）
- 帕尔米伦帝国（前 267—前 270）

阿拉伯半岛
- 迪尔蒙（前 3000—前 540）
- 纳巴泰人（前 85—106）

赫梯法律碑以楔形文字书写，附有"信封"和亲历者的印章

土耳其
- 赫梯人（前 2000—前 1193）
- 特洛伊（前 1500—前 1000）

南亚——印度
- 印度河流域（鼎盛时期，前 2400—前 1800）
- 吠陀时代（前 1500—前 500）
- 孔雀王朝（前 321—前 185）
- 笈多王朝（320 年—6 世纪）

摩亨佐·达罗的印章

东亚——中国
- 商朝（前 1600—前 1046）
- 周朝（前 1046—前 770）
- 战国时期（前 770—前 221）
- 秦始皇（前 221—前 206）
- 汉朝（前 206—220）

商朝青铜炊具

中亚
- 斯基泰（约前 900—前 400）
- 匈奴联盟（前 209—93）

有纹饰图案的容器彰显出斯基泰艺术家的技艺

尼姆鲁德（亚述古城遗址）

纳皮拉苏王后
的无头雕像

巴比伦空中花园

公元前5世纪
中国东周时期
的青铜矛头

7

亚洲的自然世界

作为世界上最大的大陆，亚洲在自然环境上有着得天独厚的优势，幅员辽阔、地形复杂多样、生物种类繁多。它是地球上最高点和最低点的所在地：从海平面上测量，喜马拉雅山脉中横跨尼泊尔和中国边境的珠穆朗玛峰海拔29029英尺（8848米），而陆地上的最低点则是由以色列、约旦和巴勒斯坦领土接壤而成的死海海岸，它比海平面低1419英尺（432.65米），并在持续下降（因为死海水位在下降，而且海平面每年都在下降）。

死海岸边的一个天坑

珠穆朗玛峰

水稻梯田

在整个亚洲，即便在北方的北极和西伯利亚或是东南部的热带丛林中，人们已经能够生存下来。亚洲周边肥沃的河谷见证了第一批文明的诞生，这些文明经常遭到来自中原地区骑马游牧民族的袭击。这些游牧民族随后发现，狭窄局促的农业区——那里的土地是如此珍贵，以至于从山坡上凿出小梯田——没有足够的草原来供养大批畜群，所以他们或者回到大草原，或者适应了定居的生活方式。

喜马拉雅山和其他山脉阻碍了南亚温暖潮湿的气候，导致季风或热带气旋无法到达以干燥的草原、山脉或沙漠为主的中亚。

濒危物种

亚洲稀有野生动物包括许多由于栖息地丧失或人类过度捕猎而在如今濒临灭绝的物种。濒危物种包括：

- 中国大熊猫，在野外存活的数量不到两千只；
- 印度、南亚及东南亚等其他热带或亚热带地区的亚洲象；
- 独角印度犀牛，现在只能在印度和尼泊尔发现它们的踪迹；
- 孟加拉虎，在孟加拉国、尼泊尔、不丹、中国和缅甸的存活量大约有两千五百只；
- 蒙古国南部、中国西北部和哈萨克斯坦沙漠中的双峰骆驼；
- 泰国、缅甸、马来西亚和苏门答腊热带雨林中的马来貘；
- 南亚森林中的蜂猴。

亚洲的生物多样，有数千种颇为罕见的物种，从在乔木和灌木栖息的动物到爬行动物和鱼类，包括一些稀奇古怪的物种，比如戴兜帽的眼镜蛇、日本猕猴或雪猴，以及飞行壁虎。

一度濒临灭绝的剑羚已被重新引入阿拉伯沙漠，尽管大熊猫在中国很稀有，但它们的数量是20世纪70年代的两倍。在亚洲，易危野生物种正在赢得属于它们的生存之战。

阿拉伯剑羚

大熊猫

石器时代的亚洲

当早期人类祖先猿人（直立人）在大约180万年前离开了非洲的进化中心地带，他们的足迹分布在整个欧洲和亚洲。尽管化石记录粗略模糊，但在中国和爪哇分别发现了距今约170万年和150万年前的直立人遗骸。北京附近的周口店（Zhoukoudien）洞穴是中国较晚发掘出的一个遗址，从大约77万年前到相对

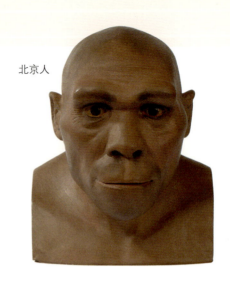

北京人

尼安德特人（Neanderthals）的葬礼

大约在20万年前，我们的近亲尼安德特人从直立人进化而来，生活在欧亚大陆的广阔地带，遍布地中海到阿尔泰山。尼安德特人比现代人更结实健壮，脑容量很大，而且拥有复杂精妙的工具匣，他们非常适合在冰河时代晚期生存，然而他们在大约三万年前就灭绝了。

亚洲的遗址提供了一些关于尼安德特人生活的重要资料。在伊拉克北部的沙尼达尔，人们发现了几具骸骨，这些骸骨显示出身体受伤的迹象，但他们仍然活了下来。有一个男性的一只眼睛失明了，而且只有一只手臂可以使用，但他显然受到了群体的照顾。大多数在沙尼达尔的骸骨都是这样被刻意掩埋起来的。

霍比特人（Hobbits）

亚洲呈现出了早期人类物种的广泛分布。印度尼西亚的弗洛里斯岛（Flores）是一群被称为弗洛里斯人（Homo floresiensis）的矮小人类的发源地。毋庸置疑，他们通常被称为霍比特人，尽管我们不知道他们是否有毛茸茸的脚。霍比特人大约3英尺6英寸（1.1米）高，使用石器，狩猎啮齿动物和侏儒象，现在他们已经灭绝。他们的化石可以追溯到10万到6万年前。

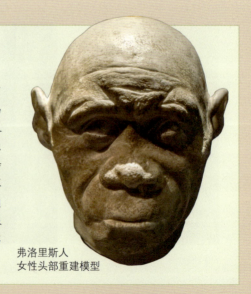

弗洛里斯人
女性头部重建模型

较晚的23万年之前，直立人断断续续居住在那里。在这些被称为"北京人"的古人类中，可能存在着一些食人族。

东亚直立人使用的石器与其他地方有所不同。在西亚和欧洲，手斧是直立人工具匣中的必备物品，而在中国和东南亚，则大多使用卵石砍器和刮刀。

沙尼达尔洞穴内部景观

另一个看起来有意为之的埋葬是，乌兹别克斯坦东南部特锡克塔什岩洞（Teshik-Tash cave）里的尼安德特男孩。西伯利亚山地的山羊角围绕着这具尸体，钻入地下。

除了这些代表仪式的符号之外，尼安德特人是否创造了艺术并拥有了具有象征意义的生活，目前尚无定论。

亚洲大事年表

180万年前　直立人从非洲迁徙到东南亚，在马来西亚玲珑留下了石制手斧。

150万年前　直立人跨越大陆桥迁徙到爪哇（爪哇猿人）。

77万年前　直立人（北京人）生活在中国周口店的洞穴里。

10万—6万年前　霍比特人，一种被称为弗洛里斯人的矮小人类物种，他们生活在印度尼西亚的弗洛里斯岛上。

9万年前　西伯利亚阿尔泰山脉的丹尼索瓦洞穴是古人类新种群丹尼索瓦人（Denisovans）的家园。在这里埋葬的一具尸体是尼安德特人母亲和丹尼索瓦人父亲所生的女儿。

7万年前　现代人类——智人，从非洲迁徙到了亚洲。

6万年前　尼安德特人在伊拉克北部的沙尼达尔洞穴（Shanidar cave）中照料伤者并安排葬礼。

5万年前　现代人类从东南亚到达澳大利亚。

4万年前　婆罗洲早期人类的饮食包括猩猩。东南亚的岩石艺术是在岩石掩体中创作的，而不是在深邃的洞穴里。

3.3万年前　众所周知，最早的家养狗是在西伯利亚被发现的。

3万—1.3万年前　人们通过白令海峡或海上从亚洲移民到美洲大陆。

2.9万年前　最后一批尼安德特人在俄罗斯幸存。

2万年前　日本群岛与亚洲大陆分开。

1.9万年前　世界上现存最早的陶器在中国江西的仙人洞里制作而成。

1.5万年前　印度宾贝特卡的洞穴壁画完成。

1.4万年前　世界上现存最早的面包来自约旦的舒巴伊卡，是由野生谷物制作而成的。

1.3万年前　在黎凡特（Levant），纳图夫文化正流行用大麦酿造啤酒。

丹尼索瓦人——新的人种

丹尼索瓦人被认为是由直立人与尼安德特人所在的同一分支进化而来。直到2010年，丹尼索瓦人才被确认为一个独立的古人类种群，他们的骨头是在西伯利亚阿尔泰山的丹尼索瓦洞穴中发现的，可以追溯到大约9万年前。对埋葬在洞穴中的尸体做出的调查显示，其中一具是尼安德特人母亲和丹尼索瓦人父亲所生的女儿。

丹尼索瓦人也与现代人类混种繁衍。他们的DNA在大多数亚洲人和美洲原住民中占比都很低，在澳大利亚原住民、巴布亚人、美拉尼西亚人以及东南亚岛屿上的一些民族中比例略高。有观点认为，丹尼索瓦人的DNA可能对久居西藏的人们适应低氧高海拔生活起到了促进作用。

俄罗斯考古学家在丹尼索瓦洞穴中进行挖掘

人类的到来

有人认为，现代人类、智人从非洲迁徙而来，在那里，我们从直立猿人的另一个分支进化而来，而且在大约10万年前和7万年前经历了两波进化。因此，在很长一段时间里，地球至少由三个人类物种所共享。

长期以来，科学家们一直猜测现代人和尼安德特人可能是通过混种繁衍的，特别是在一些骨骼里似乎找到了具有这两种物种的某些特征。现有的DNA证据已经确定的是，如今几乎每个人，包括一些撒哈拉以南的非洲人，都可能有2%的尼安德特人的DNA。有人认为，尼安德特人遗传给我们的部分基因对我们的免疫系统起到了促进作用。

尼安德特人的灭绝可能存在着多种原因：他们无法适应不断变化的气候条件，因为他们平常能捕食到的大型狩猎动物变得越来越少；他们在与现代人争夺资源时败下阵来；由智人携带的疾

约前11000 现存最早表现一对眷侣合欢的艺术品——安莎赫利恋人雕像，被保存在朱迪亚沙漠的安莎赫利洞穴里。

前10000 一波从中国西南部的移民浪潮把人们输送到了马来西亚，然后又分流到了印度尼西亚、苏门答腊和婆罗洲，也可能带到了波利尼西亚。

日本绳纹文化是以绳纹陶器发展起来的。

塞浦路斯的矮河马和矮象可能遭到猎杀，直至灭绝。

前9500 大众所知最早的人类和猫的关联出现在塞浦路斯的一个墓地。

约前9130 土耳其哥贝克力石阵初具规模。

前9000—前8000 西亚是世界上农业发展最早的地域。

前9000 西亚的纳图夫文化使狩猎采集者与农学家二者角色之间实现了过渡。

约前8800 土耳其哥贝克力石阵二期竣工。

约前8000 耶利哥城在巴勒斯坦落成。

哥贝克力石阵日渐衰落。

前7000 大麦和小麦遍布美索不达米亚。

中国的贾湖开始耕种水稻，培育小米。

前6800 桑蚕养殖最初发轫于中国半坡。

约前6700 土耳其的卡塔尔·胡约克村庄/城镇建成。

前6500 早期的农业村庄出现在印度河流域。

大米是印度饮食的一部分。

前6000 当时的美索不达米亚农业相当发达。

约前5650 卡塔尔·胡约克废弃荒芜。

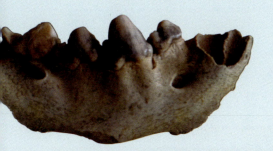

在丹尼索瓦洞穴中发现的史前哺乳动物骨骼的遗骸

病，或者仅仅是合乎情理的老式暴力。他们在西伯利亚生存的时间比在欧亚大陆的任何地方都要长，最为人所知的俄罗斯乌拉尔山脉靠近北极的贝佐瓦亚（Byzovaya）的尼安德特人遗址，可以追溯到29000年前。

有狗狗的日子

人类最早驯养的动物可能是狗，而且是用狼的血统交配繁殖的。最早的家养狗骨架是在西伯利亚发现的，可以追溯到距今33000万年前，但人们认为，它们可能最早是在中国被驯化的，因为中国拥有最丰富多样的狗类物种。

当人们离开亚洲，在西伯利亚和阿拉斯加之间曾经存在的大陆桥上定居下来，之后又迁移到了美洲，他们带着各自的狗，所以说在美国发现的最早的家养狗都是中国品种的后代。

肥沃月湾

　　肥沃月湾是一个大致呈半圆形的区域，从埃及尼罗河流域开始，经过巴勒斯坦地区、以色列、约旦、叙利亚、黎巴嫩、塞浦路斯和伊拉克，也包括土耳其南部和伊朗西南部。肥沃月湾见证了现存最早的动物驯养和农作物种植。由于动物需要放牧，农作物需要照料，因此这个地区的人们就永久定居在了村庄里，而不是延续他们祖先游牧、狩猎采集的生活方式。随着农业的发展，这片肥沃月湾也是世界上最早多元化社群的发源地，包括最早的人类文明苏美尔（Sumeria）。因此，这个地区有时也被誉为"文明的摇篮"。

　　约公元前9000—前8000年，农业开始在人类生活中发挥作用，肥沃月湾的所在地——西以撒哈拉沙漠为界，南起叙利亚沙漠，北至安纳托利亚高原，东到伊朗高原——那里的气候比如今更为温和，所以可能更适合耕种。最重要的是，肥沃月湾地带还囊括了尼罗河、底格里斯河、幼发拉底河以及约旦河，它也是早期野生作物的发祥地，如小麦、大麦、豌豆、扁豆、鹰嘴豆和亚麻，还有牛、猪以及山羊，这些物种从那时起就开始被人类养殖和驯化。

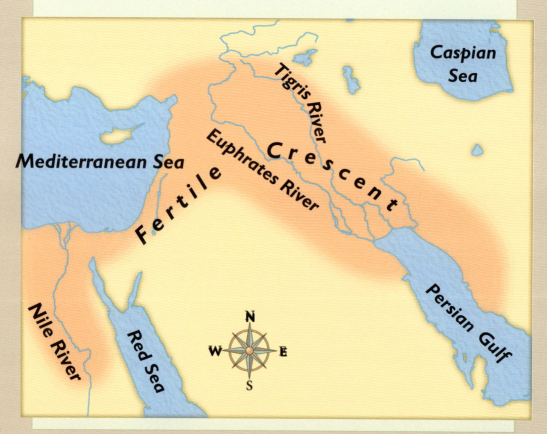

石器时代的终结

　　当现代人类开始在世界各地繁衍生息的时候，他们是游牧的狩猎采集者，使用石器、木头、鹿角、象牙、贝壳和骨头。他们制作珠宝和小雕像，并在洞穴墙壁或岩石上作画。在4万年前，他们已经到达婆罗洲（Borneo），而在3.3万年以前，他们作为最成功的原始人类物种，已经有能力在俄罗斯寒冷的北方安营扎寨了。

　　这种生活方式在所谓的"新石器时代（Neolithic）农业革命"到来之前已经延续了数千年之久，当新石器时代的人们开始定居下来，耕种他们所需的食物，而不是寻找食物，这一过程起源于大约公元前一万年的亚洲。

前5000　上升的海水淹没了印度和斯里兰卡之间的陆桥，形成了爪哇和中国南海。成千上万的岛屿成为印度尼西亚和菲律宾的一部分。

在新一轮的人类迁徙浪潮中，原住民离开中国台湾来到波利尼西亚。

印度河流域的村庄发展起贸易联络网。

铜被广泛应用。

前4700—前4400　家养培育的桃子在日本生根结果。

前4000　中国龙山文化以黑陶而闻名。

泰国水稻种植方兴未艾。

前3500　在今天的哈萨克斯坦，第一次证实了驯养马匹存在的事实，它们可能早在6000年前就在欧亚大草原上被驯化了。

新石器时代的石器

纳图夫人——一个过渡中的民族

从公元前13000年至公元前9000年，纳图夫文化以黎凡特地中海地带——巴勒斯坦地区、以色列、叙利亚、黎巴嫩和约旦为中心，以犹太山脉瓦迪安-纳图夫的发现来命名，纳图夫（Natufian）可能是最早从石器时代游牧狩猎采集过渡到农耕民族的一种文化。

虽然当时他们的生活仍旧以打猎为主，但在纳图夫文化的早期阶段，纳图夫人是半定居的，他们生活在洞穴里或是建造半地下的坑屋。这些房子大多以石头作为地基，搭建木墙和灌木屋顶。在这个阶段，他们没有刻意去种植农作物，只是简单地采集野生谷物，但他们完成了两个重要的创新：发明了用于密集收割谷物的镰刀叶片，以及用于耕种土地的镐。

第一口啤酒

纳图夫人别出心裁的创新：他们酿造出了广为人知的首批大麦啤酒。啤酒在当时有可能被用于宗教仪式，然而一些科学家认为，由于纳图夫人需要将大麦定期供应于他们的仪式，这些大麦源自他们主动播种的作物，而不是依赖于他们到处去找的野生谷物。

和其他石器时代晚期的人一样，纳图夫石器是嵌在骨头或木桩上的小刀片。他们的镰刀刀刃的边缘都残存着一层失去光泽的硅石，也正暗示着谷物的丰收，这一事实得到了显微镜细胞分析的证实。在使用镰刀之前，谷物是要打到篮子里才得以收获的，整个过程事倍功半。在陶器文化出现之前，纳图夫人就用石臼以及杵来研磨出谷物。

作物栽培的更替是一个过程，而不是单一的事件，而且谷物的耕种可能是密集收割的偶然结果。然而，到公元前10000年左右的纳图夫文化晚期，这个地区种植的小麦已经被驯化成今天小麦的前身。其中一个主要的变化是培育了一种谷物，这种谷物的种子在成熟时不会从茎秆上自然脱落，而是留在原地，以便于收割。

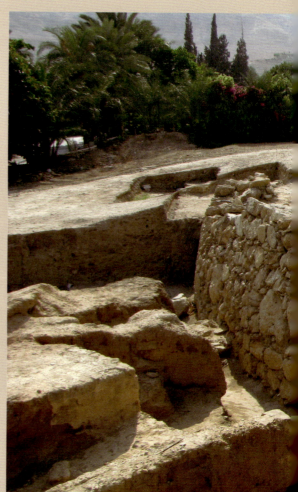

耶利哥（Jericho）的城墙

　　耶利哥是世界上早期城镇之一，早在公元前9000年，巴勒斯坦的耶利哥就被纳图夫人季节性地占领了，也许早在公元前8000年，耶利哥就成了他们永久的定居点。

　　大约在这个时候，一座坚固的石墙，包括一座巨大的塔，围绕着这个城镇建造起来。早期的房屋又小又圆，由晒干的黏土和稻草砖加上泥灰泥砌成，而且一个显而易见的特点是死者被埋在房子的地板下。也正在这个时候，人们开始种植培育起了小麦和大麦。

　　在接下来的几千年里，耶利哥的命运起伏跌宕，但它始终没有空闲的档期，即使有时被一小群人占据着。大约在公元前1900年，迦南人（Canaanites）居住在那里，正是在他们占领期间，《圣经》记载约书亚带领以色列人摧毁了这座城市。然而，考古学家却找不到关于这一事件的任何蛛丝马迹。

世界上最古老的圣殿

在大多数人的印象里,土耳其南部的哥贝克力石阵(意为"大肚山")山丘只不过是一座中世纪的墓地,但在这里隐藏着一项独特的考古发现。它被认为是世界上第一座庙宇,在农耕、金属工具甚至陶器出现之前,它所堆积的巨大石块是由狩猎采集者建造而成的。

这个遗址可以追溯到公元前10世纪,直径大约有980英尺(300米),而且事实上哥贝克力石阵可能不只是一个,而是几个不同的仪式和敬奉的中心。

哥贝克力石阵大约在公元前9130年初具规模,也预示着世界上现存最古老的巨石,或大型史前石碑的落成。巨大的T形石柱被安置在圆形围墙内,每块高达20英尺(6米),重达10吨。大约二十个圆圈里放有两百多根柱子。许多石头的表面都雕刻着动物图案或抽象的象形文字,而且都是用石器制成的。

有些柱子的下半部分雕刻着人的手臂或缠腰带,这让考古学家们推测,它们要么代表人类——或许是祖先,要么代表神灵。在圆圈的中央有两根相对而立的大柱子。

从大约在公元前8800年建造的哥贝克力石阵二期工程可以看到,较小的柱子排列在长方形的房间里,房间里的地板用抛光石灰铺成。目前还没有证据表

卡塔尔·胡约克(Çatal Hüyük)的艺术

土耳其的卡塔尔·胡约克的村庄/城镇是新石器时代定居点的一个重要例证,其历史可以追溯到公元前6700年左右。那里的居民展现了从狩猎、采集到依靠农业、完全定居的生活方式的转变。卡塔尔·胡约克在两个方面凸显了与众不同之处。首先,这里没有街道,也没有门。这些房屋像蜂巢里的蜂窝一样彼此相邻,房子入口在平顶的一个洞,推测起来大概是用木制梯子才能进入。屋顶上有大型公共烤箱,所以相

这尊来自土耳其卡塔尔·胡约克的新石器时代早期"母亲女神"坐式雕像可追溯到公元前6500年左右

邻屋顶的大面积空地可能被用作了社交空间。其次,这座城市艺术氛围浓厚。这些房子都是用泥砖和灰泥砌成的长方形房间,房内有一个壁炉和一个小烤箱,还有供坐、工作或睡觉的平台,几乎所有房间的墙壁都被精美装饰过。绘画或墙上的浮雕呈现出了动物、人物和几何图案,而且经常翻新,墙壁被涂上灰泥,然后再重新粉刷。

一般情况下,房子里还有死者的尸体,埋在地板或平台下面。孩子们的尸体上覆盖着赭石,还

新石器时代早期哥贝克力石阵考古遗址

明，曾有人在遗址定居，所以考古学家认为这是附近方圆几百里之内的人们举行祭祀仪式的中心。然后大约在公元前8000年，这个巨大的宗教场所就不再像往常那样络绎不绝了，随后人们小心翼翼地填满了院落和房间。

哥贝克力石阵颠覆了人类进步的传统理论，传统理论认为，只有在新石器时代革命之后，当人们驯养动物、种植庄稼并定居在农耕地区的时候，才允许社会和宗教组织建造巨大的纪念碑。但是，由石器时代的狩猎采集者建造而成的哥贝克力石阵，显现出了和新石器时代第一批建筑一样的精妙绝伦，而且有着富于内涵的艺术形象。

哥贝克力石阵位于肥沃月湾的北部边缘，加强了这个区域对早期人类的重要性。它始终包含着许多未被发掘出的秘密留给未来的考古学家，他们可能会有更好的方式来了解过去。

有随葬品珠串，除此之外，富人和穷人的葬礼没有什么区别。

然而，城镇内部划分出了不同的宗教区域。有些建筑是宗教圣地，甚至装饰得富丽堂皇，其风格与石器时代欧洲的洞穴壁画如出一辙，经常描绘出动物的头部。像室内的壁画一样，这些画也经常焕然一新。

在卡塔尔·胡约克，也有不计其数的石雕和泥塑被发掘出来，尤其是女性的雕像，这引起了诸多猜测，是否曾经有一种宗教是以母亲女神作为崇拜对象？这些小雕像遍布全城，在墙上、炉壁和地板上都有它们的踪迹。骨制工具也常常被装饰得精美绝伦。

居民室内设计的另一个与众不同之处，是将动物尸体贴在墙上，然后涂上颜色。公牛的头骨是最常被用作装饰品的，而且角、象牙、喙和其他动物的头骨也被用于装点家居。

一些考古学家认为，这种动物艺术是人们对社会变化的一种认知，也就是从狩猎危险野生动物到放牧驯化家养动物。毋庸置疑的是，卡塔尔·胡约克人种植谷类作物，培育种子和坚果，还有饲养牛群，以及狩猎其他动物，比如鹿和野猪。他们制作石器、木碗、陶器、编织篮子以及纺织品。他们还交易来自地中海或更远地方的贝壳、金属和染料，以换取自己所需物品。

在卡塔尔·胡约克的鼎盛时期，大约有8000人居住在那里，然而大约在公元前5650年，这座艺术家的城市就沦为荒芜之城了。

一万年前的陶器

日本的农业发展较晚，大约在公元前300年的弥生时代（Yayoi Period）水稻才被引进。直到那个时候，食物资源才显现出丰富的多样性。早在绳纹时代（Jomon Period），人们就不需要种植农作物了，尽管家养培育的桃子在公元前4700年左右才走入千家万户。

绳纹时期是一个不寻常的时代，与众不同之处在于人们之间融汇了狩猎采集和原始农业两种生存方式。他们照料某些植物，比如山药、坚果树以及大豆，过着半定居的生活，但他们主要以狩猎、捕鱼和觅食得以生存。

绳纹的意思是"绳索记号"，而且这种文化是以日本各地发现的一种陶器命名的。这种陶器把绳纹压进泥土里，制成各种图案。虽然绳纹时期是从公元前10000年左右一直延续到公元前300年，但它经历了几个不同的阶段，并且存在着很大的区域差异。

乡村生活

西亚最初建成的村庄规模不大。基本农作物是小麦和大麦，家畜包括绵羊、山羊、猪、牛以及狗。

农场生活由于要受到天气的制约，颇为艰苦。但如果一旦成功了，就能打破历史先例，让更多的人拥有食物，继而实现人口的大幅度增长。然后，社会就可以对诸如石匠、织工、商人、陶工或艺术家这样的"专家"予以一定的资助。

小米与大米

新石器时代的中国涌现出一些有趣的文化。在如今黄河以北的河南舞阳，贾湖遗址就坐落于此，占地59.2万平方英尺（5.5万平方米），四周环绕着护城河。这个村庄建于公元前7000年左右，在公元前5700年左右发生了一场洪水后被遗弃。

文字演变的发端之一即在贾湖发现，其形式是在龟壳和骨头上雕刻的符号。在那里发现的三十三支笛子，是世界上最古老的可演奏的乐器，用鹤的翼骨制成。除此之外，还有陶器和绿松石雕刻品。这处遗址证明了人们种植培育过小米与大米，以及用发酵的大米酿造出了混合山楂叶和蜂蜜的葡萄酒。

由于小米生长迅速，产量大，所以被视为一种极为有益的作物。

和贾湖一样，半坡村也被护城河环绕着，并且在陶器上发现了带有符号的标记。半坡村大约可以追溯到公元前6800年，也在西安附近的黄河流域，是仰韶文化（Yangshao Culture）的一部分。

人们在半坡村种植小米、大米和高粱，可能还养了蚕，但半坡村最为人所知的是其精美的陶器，以黑色、白色和红色为主，通常绘有几何图案、动物或人脸。小孩的遗体就被葬在大型彩陶罐里。

在中国东部，众所周知的龙山文化也以其精美的陶器——独具匠心的黑色碎片而闻名天下。

思想的传播

    东地中海保存完好的史前遗址之一，也是历史上重要的遗址之一，在塞浦路斯南部的乔伊鲁科蒂亚（Choirokoitia，Khirokitia）。来自近东大陆的人们在公元前7世纪建造了一个村庄，带来了他们对农业和长期居住的新观念。这些新石器时代的革命性思想从岛上传到欧洲。

    乔伊鲁科蒂亚有一些由泥砖和石头建造的圆形平顶房屋，每个房屋都有一个小的中央庭院，周围环绕着圆形的房间或建筑物。房屋内设有炉和盆，与死人同用。尸首葬在房屋下的坑里。

    乔伊鲁科蒂亚人使用骨头、燧石和石头，他们虽然不做陶器，但主要用石头做小雕像。除了种植谷类作物，他们还养猪、绵羊和山羊，同时也采集橄榄、坚果和水果，并且猎鹿。

    乔伊鲁科蒂亚是一个成熟的、组织有序的社会，这从环绕村庄的防御墙就可以看出来。由石头建成的城墙高近10英尺（3米），维系了这个村庄大约1000年，直到公元前4000年被遗弃，原因不明。

塞浦路斯乔伊鲁科蒂亚重建的新石器时代小屋

美索不达米亚（Mesopotamia）是世界上最古老的文明兴起的地区，它的名字来自希腊单词mesos，意思是"中部"，而potamos的意思是"河流"。这两条河就是今伊拉克的底格里斯河和幼发拉底河，尽管这是古代文明的中心，然而美索不达米亚地区总体上是一个更广阔的区域，延伸到伊拉克的大部分地区，以及叙利亚和土耳其的部分地区。

这个地区不存在单一的、线性的文明发展。城市和文化相互重叠了很长一段时间，直到其中一个成为主导或衰落，但大体上，古代美索不达米亚被苏美尔人（Sumerians）统治，接着是阿卡德人（Akkadians），然后是巴比伦人（Babylonians）以及亚述人（Assyrians），最后在伊斯兰帝国将中世纪引入该地区之前，波斯人（Persians）拥有了统治权。

美索不达米亚成为"文明的摇篮"，并非只有一个原因。可能并非一条河，而是两条河流提供了土地肥沃的平原，在肥沃月湾早期的农民发展灌溉技术时，他们也能够生产出如此多的粮食，从而形成了一个复杂的社会。每个地区的统治者都控制着食物和水的供应，他们可以组织建造城墙、圣殿，甚至更多的灌溉工程。美索不达米亚社会

苏美尔，文明之地

"文明之地"——开化之地（Kengir）——苏美尔人给他们在美索不达米亚南部的国家起的名字，或者叫苏美尔（Sumer）。这部分地区由平坦的冲积平原组成，在遥远的南方变成了泥泞的芦苇沼泽。当苏美尔人筑起堤坝以防河水漫过低矮的河岸，挖开排水沟清空沼泽以及灌溉沟渠的时候，他们发现自己所处的农田极其肥沃，可以满足大麦、小麦、芝麻、枣子、洋葱、甜瓜、无花果、黄瓜等的供应。

更确切地说，苏美尔人的众多定居点都坐落在这片土地上。为了抵御洪水，他们的房子建在高高的芦苇和黏土平台上，而且他们最重要的建筑——庙宇也建在土丘上。苏美尔文明是建立在黏土之上的文明：在美索不达米亚南部，石头和木头均是稀有的。

公元前4世纪，苏美尔涌现出了第一批城市，许多小定居点合并后变得更加多元化，最早的城市是埃利都（Eridu）、乌鲁克（Uruk）、巴地比拉（Bad-Tibera）、尼普尔（Nippur）和库什（Kush）。

美索不达米亚主要统治力量及其年代

苏美尔城邦	前3500
阿卡德帝国	前2300
苏美尔文艺复兴/乌尔第三王朝	前2112
埃兰	前2000
巴比伦帝国	前1894
加喜特人（巴比伦中期）	前1595
亚述帝国	前1340
新亚述帝国	前911
新巴比伦帝国	前626
波斯人统治	前539

的另一个特征是频繁而残酷的战争。

早期城市生活的特色：

- · 统治者坐拥宫殿
- · 主殿中心有金字塔或是土堆
- · 许多其他的圣殿
- · 大型公共建筑
- · 独立居民区
- · 狭窄迂回的街道
- · 农业、渔业、畜牧业以及种植

枣椰树来养活城市里的人口

- · 集中的食品储备
- · 有专业的艺术家和工匠，如陶

工、木匠、铁匠、印章雕刻师

- · 以泥版的形式记录行政事务

前3500 世界上最早的城市是在美索不达米亚建造的：埃利都（Eridu）、乌鲁克（Uruk）、乌尔（Ur）、拉尔萨（Larsa）、伊辛（Isin）、阿达卜（Adab）、库拉（Kullah）、拉格什（Lagash）、尼普尔（Nippur）以及基什（Kish）。这些城市都有了集约农业和灌溉技术。美索不达米亚人发明了车轮。

前3300 世界上第一种文字——楔形文字是由美索不达米亚南部的苏美尔人发明的。历史开始有了文字记载。驯养的马被引进到伊朗。

前3000 帆船被引入美索不达米亚。

前2700 "有历史记载"的第一个人是美索不达米亚的基什国王（king of Kish）恩美巴拉格西（Enmebaragesi），他的名字被记录在当代作品中。

前2500 苏美尔将双轮马拉车用于战争。

前2400 第一位女性统治者是苏美尔基什王朝的库巴巴女王（Queen Kubaba）。

苏美尔主要城市地图

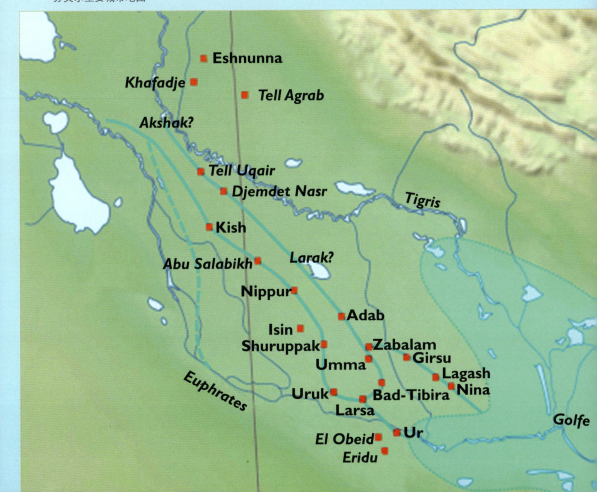

楔形文字

文字是自农业发展以来人类历史上最重要的发明，世界上最早的文字发现于公元前3300年左右的乌鲁克（Uruk）。苏美尔楔形文字（cuneiform writing），简单地说就是"楔形"的意思，也就是将楔形的芦苇工具压进潮湿的黏土中创造出来的，它是从刻在纪念物上的象形文字发展而来的，这些纪念物在这个地区被用来记录物品以及度量已有的数百年历史。

象形符号变得更加抽象，而且从左到右排成水平行写就。如果不需要永久的记录，泥版就可以重复使用，或者在窑中烧制，这样文字就可以保存下来。在美索不达米亚发现了多达200万块楔形文字石碑，而且其中许多都是由于存放这些石碑的宫殿或寺庙被袭击者烧毁而意外晒烤幸而留存下来的。

楔形文字也被刻在石碑和石刻上，并且随之发生一些变化。楔形文字被所有统治美索不达米亚的国家所使用，直到新亚述人帝国（Neo-Assyrian Empire，前911—前612）时期被高效实用的腓尼基字母所取代。它在公元1世纪完全灭绝，直到19世纪才被发现和破译。

在这个书写历史的黎明中，第一个被同时代人写下名字的人是大约公元前2700年基什国王恩美巴拉格西（Enmebaragesi）。

苏美尔人的楔形文字笔迹

文化传承

尽管苏美尔人对美索不达米亚的统治在公元前2300年左右随着阿卡德帝国（Akkadian Empire）的崛起而终结，但这个地区有着一贯的文化传承（cultural continuity），而且未来所有的美索不达米亚王国都继承了苏美尔最古老文明的特征。

苏美尔王表

苏美尔王表（the Sumerian King List）可以追溯到公元前1900年至公元前1600年的古巴比伦时期（Old Babylonian period），顾名思义这是一份美索不达米亚统治者的名单，从传说中的大洪水前的日子记载到公元前2000年伊辛一世。尽管它是一份令人叹为观止的历史文献，其中有很多章节被认为是准确无疑的，据王表所记录，在公元前2295年左右，每个国王各统治了几百年，它还记录了在任何时候都只有一个王朝统治着一个特定的城市，然而考古学家知道，每个王朝还都有与他们同时代的王朝统治着各自的城市或国家。王表同时也存在缺陷，因为它没有提到从拉格什（Lagash）和乌鲁克（Uruk）算起的一些重要王朝。

金字形神塔

金字形神塔是以阿卡德语ziqqurratu（意为"上升的建筑"）的名字来命名的，它是一座作为阶梯金字塔建造的高大圣殿塔楼。从外面的楼梯或螺旋坡道可以到达位于最顶端的圣殿。乔木和灌木经常生长在梯级露台和斜坡上（可能是巴比伦空中花园传说的起源）。

乌尔大金字塔（The Great Ziggurat of Ur）是美索不达米亚甚至更远的地方建造的众多金字塔中最大的，长210英尺（64米），宽150英尺（46米）。在公元前2113—前2096年由乌尔纳姆国王（King Ur-Nammu）建立，是对苏美尔月亮神南那（Nanna）崇拜的主要中心。首先，多达700万块泥和芦苇泥砖被用来建造长方形的堆芯，然后用一层烧制黏土砖作为防水保护层将之覆盖。每六层砖都用芦苇垫加固，而且砖上有规则的小缝隙意味着水分会从核心蒸发出来。雨水顺着建筑物两侧的排水管道流下来。

今天的伊拉克，乌尔塔被部分还原

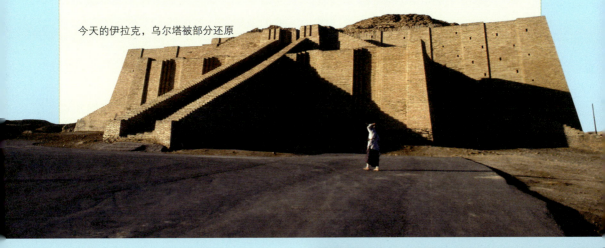

印章

在美索不达米亚、安纳托利亚（Anatolia）和伊朗，成千上万的印章（seals）被用来标记容器，比如盛东西的器皿。在北方，印章更受欢迎，而在苏美尔则使用圆筒印章。它们被装饰上几何图案，或是人与动物的图片，与此同时也表明了印章主人的身份。由于圆筒印章的样式会随着时间的推移而改变，因此可以用它们来追溯与之一起被发现的任何其他物品的日期。

一种苏美尔人使用的圆筒印章，图案是在沼泽地中用过的旧式船只

印度河流域文明是仅次于美索不达米亚的亚洲古老文明，也是规模最大的文明。早期的美索不达米亚社会覆盖了约25000平方英里（65000平方千米），后来的商朝也只延伸到了今天中国的一小部分，而印度河流域文明在公元前2400—前1800年左右的鼎盛时期则覆盖了40万平方英里（130万平方千米）。

这种文化起源于巴基斯坦（Pakistan）西北部和印度西北部，以印度河肥沃的河谷为中心并传播至阿富汗东北部，南至印度西海岸坎贝湾（Gulf of Khambhat），东南至德里以北30英里（50千米）处的亚穆纳河（Yamuna River）。

印度河流域文明有时被称为哈拉帕文明（Harappan Civilization），其特征是印度河流域的哈拉帕和摩亨佐·达罗相距400英里（640千米），古吉拉

城镇规划

印度在公元前8000年开始发展农业，但直到公元前4500年左右大规模灌溉技术被引进，印度河流域的定居点才变得日渐富足和庞大。

印度河流域的城市是最早经过精心规划而建成的。街道不是杂乱无章地任其发展，而是呈网格状布局，笔直的"主要"街道通常看起来像毛坯墙外观，因为从较窄的小巷才能通向各个房屋。不同的区域被清晰地定义，所以陶工（通过建筑中的窑炉来识别）或染色工（通过大桶来识别）聚集在各自不同的区域，这些区域与其他工匠（比如那些使用金属或贝壳的工匠）区分开来。城市里还有精心设计的排水系统、街灯，甚至还有某种形式的公共垃圾桶。

摩亨佐·达罗和哈拉帕（Harappa）是印度河流域最大的城市，最初每座城市的面积约为1平方英里，当时人口分别为三万和四万。虽然听起来是个很大的数字，但这仍然意味着大多数人住在城外较小的定居点。像其他一些重要的遗址一样，摩亨佐·达罗和哈拉帕的方位都是南北走向，在西部有一个很大的

防御堡垒，而且在东部有一个"地势较低的城镇"，城市的大多数居民都在那里生活和工作。在卡里班根，另一边看起来不那么壮观的城墙是围绕着较低的城镇修建而成的。

在摩亨佐·达罗，房屋彼此极其相似，遵循着一个共同的模式，只是大小不同。更大的房子围绕着一个内庭院，或者围绕着几个相连的庭院，如果它们

泥砖

泥砖是建造印度河流域城市最常用到的材料。在那里，石头很少被使用到，尤其哈拉帕附近没有发现它的踪迹，而且木材只是偶尔用于一些较大的建筑物和平屋顶，有时作为巨大的四面锯切的横梁，但普通的泥仍被视为主要的建筑材料。

这些砖是在一个敞口的模子里做的，它们被放到太阳下烘烤变硬。为了契合特殊的区域，它们会被锯成独立的不同的部分。从幸存的墙壁和人行道可以清楚地看到，印度河的建造者都是技艺高超的工匠。

特邦（Gujarat）的洛塔（Lothal）和朵拉维那（Dholavira），以及拉贾斯坦邦（Rajasthan）的卡里班根（Kalibangan），它们统治着这个地区数以百计的城镇和村庄。

除此之外，印度次大陆古老文明中的城市规划、贸易、下水道、石印和神秘的文字都有可圈可点之处。

前3500 印度河流域出现了第一批有围墙的定居点。

前2800 印度河流域的人们正在使用十进制比例的度量衡。

前2400—前1800 印度河流域文明集中分布于巴基斯坦西北部和印度西北部，并向阿富汗东北部蔓延。

特别宽敞的话，这些更大的房子大多有自己的水井。最小的房子空间有限，划分为起居、沐浴和烹饪区域，而一些房子有砖楼梯，这意味着它们要么有两层楼高，要么有平坦的屋顶，构成了可居住区域的一部分。

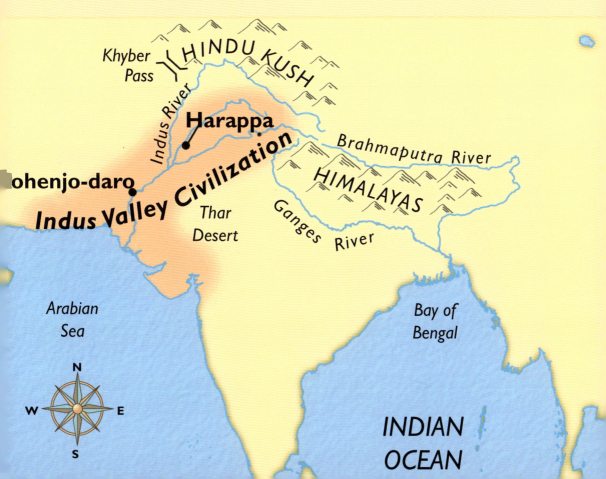

码头、水坝和排水管道

由于城市建在主要河流附近，印度河流域的人们对水务管理（water management）的高度关注也就不足为奇了。城市周围的防御墙和城堡要塞所在的宽阔土丘平台被认为是用来抵御洪水的，而不是防止外人的入侵；城市内部还装有复杂的排水系统。文明的一个特征即安置了室内管道。即使是很小的房子，也有独立的浴室，通常比房子的其他部分建得更加完善，包括洗手盆和厕所，所有的废水都通过水渠冲进大楼里的公共下水道。

如果房子太小而无法拥有独门独户的水井，那么住宅区就可以使用公共水井。

在城市之外的郊区，农民年复一年地疏导洪水。河水在谷底沉积了肥沃的土壤，带来了丰产与富饶，但与此同时，如果河水泛滥，就会威胁到农作物和家园。这个地区修建了几座水坝和水库，将水分流，然后储存起来用于灌溉。仅朵拉维那市（Dholavira）就有16座水库。

作为一个贸易国，几个城市纷纷建造起了码头，但现存最好的一个当属印度西部坎贝湾的洛塔贸易港口。这座人工码头由烧制的砖块建成，长约700英尺（214米），宽118英尺（36米）。每当涨潮时，船只可以通过一条40英尺（12米）长的运河（现已干涸）驶入码头。洛塔不仅有房屋、水井和街道，还有一个大仓库，也是用坚固的防御墙抵御洪水的城市之一。

洛塔码头

大浴池

印度河流域文明的另一个独特的水景是建在城堡北部中心位置的摩亨佐·达罗（Mohenjodaro）大浴池。大浴池由烧制上乘的砖块制成，边缘以石膏砂浆打磨缝隙，内部表面附有一层沥青或天然焦油，使其具有防水密封功能。大浴池比周围的路面低约8英尺（2.5米），长39英尺（12米），宽23英尺（7米），深79英尺（24米），占地897平方英尺（83平方米）。

大浴缸的结构复杂且神秘，水是从隔壁房间的一口大井里灌入的，通过角落里一个排水口把废水排入城堡筑堤的西侧。最初，台阶上覆盖着用沥青制成的木踏板，从任何一端向下都可以进入浴室，浴室周围是画廊和房间，被称为更衣室。附近也有一组盥洗室。

虽然没人能确定这个大浴池是用来做什么的，但它曾被认为是举行沐浴仪式或其他宗教仪式的地方。

摩亨佐·达罗大浴池

一种未知的文字

与早期的美索不达米亚文明有所不同，我们不知道印度河流域城市中任何一个人的名字。我们不知道他们的传说、历史、哲学和他们对外国人的看法。

这是因为印度河流域的文字太过于神秘莫测，无法破译理解。迄今为止，现存象形文字大约有420种，主要来源于印章。对于字母系统来说，象形文字太多了，所以也许每个符号都代表了一个单词或一个音节，甚至是一个想法。人们初步认为这段书写所用的字母与德拉威语（Dravidian）有关，德拉威语是一种主要在印度南部使用的语言，但即使是这种模棱两可的说法也引发了激烈的争论。时至今日，我们根本无法读出印度河流域人们相互发送的信息。

最早的长途贸易

大约在公元前3000年，印度河流域和美索不达米亚（Mesopotamia）之间发展了最早的长途贸易网，最终在那里建立了一个印度河商人的殖民地。只有奢侈品——贵重金属、矿物、宝石、稀有香料以及后来的丝绸等材料，才值得长途运输。

在长途贸易的鼎盛时期，印度河流域文明从美索不达米亚进口彩陶，从波斯进口绿松石，从阿富汗进口金、银、青金石，从印度南部进口玉石，从印度北部进口各种金属和矿物。

文明国家在农业繁荣之后出口了过剩的粮食，较为短途的货物托运使国家实力倍增。整个地区的度量衡都趋于标准化了，而且印度河流域是最早在度量衡中使用十进制比率的民族之一。

印度河印章

印度河流域文明也以其独特而神秘的石印而闻名。迄今为止已经发现了近4000块石印，大部分约为一英寸（2.54厘米）见方，由皂石（滑石）雕刻而成，经过烘烤而变得坚硬。许多雕像的背面有一个球形突出物，可能是把手，有的还有一个洞，可能是用来拴绳子的。大多数雕像都有一系列象形文字，或类似图画以及动物的符号——人或上帝的形象较为罕见。有一种很常见的动物，即神话中的独角兽，这也是世界上对独角兽的第一次描绘。这种神奇动物的图像可能是从印度河流域通过美索不达米亚传到了欧洲的古典世界。

来自摩亨佐·达罗的印章

人们认为，这些印章是商人用来标记货物的邮票。毋庸置疑，贸易是文化的重要组成部分，印度体系之外的贸易定居点沿着亚洲南部海岸向西而建。

印度河流域的农业

农业是普通人从事的主要职业。作为一个处在青铜时代（Bronze Age）的社会，青铜和铜一样被用于武器和工具，如镰刀和犁，以辅助种植小麦、大麦、小米、豌豆和芝麻等作物。枣子被吃掉了，尽管我们不知道它们是否被耕种过，但印度河流域提供了一些历史上最早种植棉花的证据。人们发现了许多纺锤和少量的染色棉，可以看出这些棉花似乎是用来织布的。针的存在表明，材料是缝制在衣服上的，而且当时的人们也有贝壳做的纽扣，尽管它们似乎被用作装饰品。

在已知的印度河流域驯养动物中，亚洲象的象牙被广泛用于艺术和工具的制作。其他家畜包括牛、家禽、猫和狗，可能还有骆驼、水牛和猪等。

印度河流域的工艺美术

印度河流域的工匠和妇女在取材上包罗万象：象牙、石头、金属、赤陶器和红陶器。陶工所做的车轮在文明的鼎盛时期被大众所接受，不拘一格、形态各异的陶罐在城市中都有发现。红褐色的黏土经过烘烤和上釉，经常被装饰成几何设计或动物图案。

那个时候的印度人纺纱和织布，除此之外，他们的主要职业还有珠宝制作。各种各样的装饰品都是由金属、骨头、贝壳和象牙制作而成的，其中最受欢迎的是摩亨佐·达罗的小雕像——跳舞的女孩。跳舞的女孩一只手放在臀部，另一只手和脚抬起，留着精致的发型，戴着项链、脚链和几十个手镯，可以看出这些都是用贝壳做的。她的右臂上戴着四个手镯，左臂上戴着二十四或二十五个手镯，几乎覆盖了整个手臂。

青铜铸成的舞女展现了印度河流域的艺术技巧。大多数印度河上的雕像体积很小，另一个跳舞人像——哈拉帕一个跳舞的男人的石灰岩裸体躯干雕像也是如此。石头并不是在哈拉帕附近自然取材的，

摩亨佐·达罗跳舞的女孩雕像

所以不得不以高价且颇费周折地进口到那里。尽管如此，艺术家认为，为了城市而动用这种珍贵的材料是值得的。

艺术家们在创作中没有忽视孩子的审美。微型手推车和其他玩具，如鸟形口哨和可以顺着绳子滑下来的泥猴，与今天在次大陆发现的颇为相似。

虽然印度河流域的人们在农业和建筑上辛勤劳作，但他们也有大把的时间享受生活，欣赏生活中更美好的事物。

宗教信仰

除了刻在印章上的各式神像，印度河流经的所有城市都有许多小型的陶俑，被视为"丰产女神"。她们亭亭玉立，戴着项链和扇形头饰，有时还围着腰带或腰布。

然而很少有证据表明，那里有过公共的礼拜场所。考古学家认为，摩亨佐·达罗大浴池是以祭祀为目的，还初步确定了一些似乎容纳了祭祀物品的圣殿，然而没有明确迹象表明祭司的身份。和很多其他事情一样，哈拉帕宗教仍然是一个谜。

其他建筑物

除了房屋和工作区域，印度河流域的城市还包括一些非住宅建筑，这些建筑的用途只能靠猜测。在摩亨佐·达罗大浴池以西的城堡筑堤上，有一组约5英尺（1.5米）高的砖砌平台，那里曾被误认为是一个大粮仓的底部，也可能是装卸砖块的港湾。现在印度河流域的城市中储存小麦和大麦的粮仓已经确定无疑，所以一些考古学家认为，这座位于摩亨佐·达罗的"大粮仓"实际上是一个大型的公共议事厅。

传说，有些房间曾被城市和国家的管理者使用过，也许是"政府"的官员或牧师，也许是其他专职某种仪式的人。摩亨佐·达罗城堡还包括一个长方形的大厅，里面有四排已经神秘失踪的木柱，它们坐落在大厅里幸存下来的石砖基座上。在大厅旁边的一个房间里发现了一尊石雕人像。他头戴绮丽的发带，佩戴与之相配的臂章，身穿一件装饰奢华的披风，胡须被精心修剪过，在没有任何统治者迹象的情况下，他常常被称为摩亨佐·达罗的"祭司王"（Priest-King of Mohenjo-daro）。

一座来自印度河流域文明的雕像

谁是印度河流域城市的罪魁祸首？

大约在公元前1500—前1200年之间，印度《梨俱吠陀》（*Rig Veda*）最古老的部分就是用印欧语系的一种语言——梵语写成的。这一系列赞美诗和其他宗教著作反映了一个自称雅利安人（Aryas）的民族传统，也正是他们从北方入侵了印度（如今，这种入侵理论受到了一些专业学者的质疑，他们认为雅利安人可能是土著）。《梨俱吠陀》中公认的主神是因陀罗（Indra），在他所属的诸多象征之中，战争之神最能诠释他的特色。入侵者认为他帮助他们攻破了敌人的"城墙"，摧毁了敌人的堡垒，"就像岁月吞噬了一件衣服一样"。

因此，印度文学与考古学记录相匹配，暗示了入侵者对已经衰落的印度河流域文明实施了最后的致命打击。

城市的衰落

在公元前2000年后期，来自北方的入侵者扫荡了印度河流域的城市。在摩亨佐·达罗，灾难突如其来——经历了数千年的洗礼，考古学家发现了遗留在街上的尸体。

摩亨佐·达罗时常横遭不幸。尽管采取了防洪措施，但这座城市还是被洪水淹没了至少两次。甚至在被洪水摧毁之前，这座城市就已经变得贫穷落后，趋于衰落——国际贸易已经遇冷，建筑物摇摇欲坠没有修复。

也许是太多的河流干涸或改变了它们流经的路线，从而使以前富饶的农业用地枯竭，类似的一种理论认为，土地退化以至于无法再供养城市人口，还有一种可能是发生了最后那场灾难性的洪水。不管出于什么原因，当侵略者搜刮掠夺这个地区的时候，曾经辉煌的文明就已经土崩瓦解了。到公元前1750年，印度古老的城市化时代落下帷幕。哈拉帕保留着一个小定居点，在文明社会的南部还有一些文化的传承和民间记忆能让人回想起那个遥远的伟大时代，但令人印象深刻的城市被淡忘了，直到考古学家在19世纪重新发现了它们。

一个平等的社会

印度河流域文明的缺憾之一是缺少社会精英的明显迹象。有些房子比其他的大一些，但是没有哪座房子比其他房子更加富丽堂皇，也没有哪座房子拥有比其他房子更贵重的物品。因此，尽管文明显而易见有着高度的社会组织和国家集权，但我们不知道它是由神职人员、世袭贵族还是祭司王统治的。

哈拉帕人的影响

虽然在印度河流域文明之后，这个地区经历了一段相对贫困的时期，但充满神秘感的印度河人民对印度次大陆的文化有着微妙而深远的影响。在那里发现的船只和牛车与今天印度所使用的相似，也有与现代类似的仪式物品，还有对公牛、老虎以及大象的艺术强调同样反映在后来的印度宗教中。

跳舞女孩以及其他雕像显现出了手镯和精致鼻饰的重要性，就像它们成为如今南亚文化的一部分一样，而且舞蹈女孩的雕塑风格与后来的印度小雕像也有着相似之处。

沐浴，尤其是沐浴的仪式，显然是哈拉帕人生活的一个重要焦点，就像现在的印度一样。然而一个小皂石暗示印度河流域文明不仅在印度幸存下来，事实上也影响了入侵者的文化。这是一枚印章，展现出了一个神的形象，以瑜伽（yoga）姿势坐着，头戴角状头饰，被野生的犀牛、水牛、大象和老虎包围着。一些考古学家洞察到，这个雕像是帕舒帕蒂（Pashupati）原始象征的呈现，是入侵者湿婆（Shiva）神的一个外观。帕舒帕蒂被称为"动物之王"，也是瑜伽之王，尽管对这枚印章的解释众说纷纭，但它仍然被称为"帕舒帕蒂印"。在往后的时代里，湿婆取代了战神因陀罗成为众神之一，所以也许还是印度河流域文明拥有最后的发言权。

虽然苏美尔城邦之间恶战不断，不时地会有某一个城邦占据优势，但许多城邦都是独立的，直到公元前2300年左右基什城的萨尔贡开始了征服运动，才建立了世界上第一个帝国。

安纳托利亚、叙利亚和美索不达米亚北部地区，以及包括埃兰和巴比伦（Babylon）在内的所有美索不达米亚南部地区都落入了萨尔贡帝国之手。萨尔贡（Sargon of Akkad）将阿卡德（或阿加德）作为他的都城，美索不达米亚南部以"苏美尔和阿卡德的土地"而闻名。阿卡德语最终取代了苏美尔语（Sumerian）成了通用语言。

萨尔贡统治了56年。第四任阿卡德统治者、萨尔贡的孙子纳拉姆辛（Naram-sin，前2254—前2218）获得了"天下四方之王"的高贵头衔，但是阿卡德帝国不得不与持续不断的叛乱做斗争，在纳拉姆辛统治之后不久便分崩离析。

萨尔贡（Sargon of Akkad，约前2334—前2279）

作为人类历史上的第一个帝国的缔造者，萨尔贡以他的智慧和军事实力而闻名，被认为是他开创了美索不达米亚的军事传统。

我们对萨尔贡的了解主要是基于他死后很多年用楔形文字写成的传说。有个故事说，他一出生就被遗弃了，装在芦苇筐被扔进河里。他得救了，继而成了一个园丁，受到女神伊什塔尔（Ishtar）的眷顾。苏美尔王表上的一则评论提到，他曾经是基什国王乌尔扎巴巴（Ur-Zababa）的侍臣。另一个神话声称，他的母亲是一位高级女祭司，给了他高贵的出身。

萨尔贡的都城阿卡德（或阿加德），本应包含他同一时期的记录，在他的王朝结束时阿卡德被摧毁而且从未被发现，尽管它可能以另一个不为人知的名字存在。人们认为阿卡德很可能位于基什和西巴尔（Sippar）之间的幼发拉底河沿岸。

萨尔贡的女儿恩西杜安娜在乌尔被赋予了月亮神女祭司的重要角色。

萨尔贡大帝率领他的军队

古提（Guti）和乌尔三世

在阿卡德帝国之后，古提人成为美索不达米亚地区的主要力量，他们可能来自扎格罗斯山（Zagros Mountains）和底格里斯河之间的地带。他们通常被称为"总督"而不是国王，他们也没有完全控制这个地区。

古提人并没有长期占据统治地位，城邦重新开始了彼此的权力斗争，在乌尔王朝第三代，即乌尔三世统治下（前2112—前2004），苏美尔人享受着新苏美尔帝国（Neo-Sumerian Empire）的短暂复兴。

早期的法典——乌尔纳姆法典（Code of Ur-Nammu）就是在这一时期制定的，尽管这是苏美尔人控制美索不达米亚的最后一个时代，苏美尔文明的诸多方面仍然被这个地区未来有影响力的机构所采纳。

从公元前21世纪开始，来自叙利亚的亚摩利人（Amorites）占领了美索不达米亚的部分地区，把巴比伦的小定居点建设成了一座颇具规模的城市。但大约在公元前2000年，来自伊朗的埃兰人（Elamites）控制了这个地区。

前2300 阿卡德的萨尔贡建立了人类历史上的第一个帝国，接管了美索不达米亚的城邦和安纳托利亚、黎凡特和伊朗的部分地区。

前2285—前2250 身为阿卡德诗人兼女祭司的恩西杜安娜（萨尔贡的女儿）是人类历史上第一个留下名字的作家。

前2200 公共浴室建在印度河谷的哈拉帕。

前2200—前1600 迪尔蒙文化在巴林蓬勃发展。

前2200 美索不达米亚的阿卡德铭文提到了与印度河流域的贸易。

前2113—前2096 乌尔大金字塔建于苏美尔。

前2112—前2004 新苏美尔帝国（乌尔三世王朝）控制了美索不达米亚的大部分地区。

前2100—前2050 早期的乌尔纳姆法典是用乌尔语写的。

约前2070 中国夏朝。

约前2012 古提人在美索不达米亚南部控制着不稳定的局势。

约前2000 车轮辐条被引入到了亚述，它使车轮更轻，因此速度也更快。

古提人从阿卡德人手中夺取了一座巴比伦城

来自乌尔第三王朝（Ur III）乌尔纳姆统治时期的乌尔纳姆石碑碎片

美索不达米亚是西方邻国的眼中钉，现在伊朗所在地区的第一个国家就是埃兰王国（Kingdom of Elam）。"埃兰"（Elam）这个词在亚述语中的意思是"山"，自从美索不达米亚人率先发明了文字书写和历史记录以来，这个国家就以这个名字而闻名。

虽然美索不达米亚人最初只使用"埃兰"这个名字来指代伊朗北部扎格罗斯山脉的地域，伊朗最早的城市就建立在国家西部山区和大海之间肥沃的平原上，当他们开始统治北方时，就将整个地区以"埃兰"命名。

苏萨（Susa）的沧桑沉浮

伊朗西部的平原被称为苏锡安那平原（Plains of Susiana），以埃兰人的主要城市苏萨命名。虽然美索不达米亚人

认为，他们东边的邻居是落后的野蛮人，他们总是对文明之地进行掠夺，但埃兰人拥有黄金、铜和木材，所以美索

伊朗与波斯

尽管伊朗几千年来一直沿用这个名字不同版本的称呼,但众所周知的是自古希腊时代起,它在西方就被称为波斯。波斯这个名字来源于波西斯〔Persis,帕斯(Pars)或帕萨(Parsa),今称为法尔斯(Fars)〕,是伊朗西南部阿契美尼德或波斯人的故乡。

约前2000 埃兰人反抗苏美尔人,而且控制了美索不达米亚西部的底格里斯河以及伊朗的大部分地区。

前2000—前1200 印欧语系的雅利安人部落从俄罗斯南部迁移到伊朗和印度。

约前1750 汉穆拉比(Hammurabi)夺回伊朗的埃兰王国。

不达米亚人很快就把他们的注意力转向了他们。根据苏美尔王表所显示,基什城的国王恩美巴拉格西在公元前2650年左右宣布控制埃兰,该王国从公元前2300年开始向萨尔贡进贡。另一个重要的埃兰城市就是安善(Anshan),而且整个地区有时也用这个名字来称呼。

苏萨不仅是埃兰人所在的重要城市,也是后来波斯和伊朗的帕提亚帝国人们生活的重要城市

大约300年后，埃兰人摆脱了阿卡德人的枷锁，成为西亚重要的政治国家之一。也许是他们在军事和政治上突如其来的优越感引发他们向西部的底格里斯河沿岸扩张，并最终控制了伊朗的大部分地区。

他们的统治相对短暂，巴比伦的汉穆拉比（前1792—前1750年在位）重新控制美索不达米亚并征服了埃兰人。在接下来的一千年里，埃兰人和他们的邻国冲突不断，甚至埃兰人还一度从巴比伦夺取了两块至关重要的石碑，其中一块刻有汉穆拉比法典。从公元前750年左右，新亚述帝国开始对这个地区进行统治，经常（有时是理所应当的）指责埃兰人在美索不达米亚城市煽动异议。

当埃兰人与巴比伦人密谋反对亚述最后一位伟大的皇帝亚述巴尼拔（Ashurbanipal）时，这是他们最后一个致命的错误。在一系列的战役之后，亚述巴尼拔于公元前647年洗劫了苏萨，到公元前640年摧毁了整个王国。他声称如此行事是为了报复埃兰人对美索不达米亚所做的一切侮辱行为，并自我吹嘘"我征服了伟大的圣城苏萨，他们的神之居，他们神秘之所在。我征服了。我进了城内的宫殿，我打开了他们国家的宝藏……我毁坏了金字塔建筑……把埃兰的庙宇夷为了平地……"

当亚述巴尼拔摧毁了苏萨城的时候，埃兰王国分裂成几个小的政治国家。在那时，这个地区的后来者已经对西亚产生了影响。这些来自北方平原的雅利安人（Aryans），他们分几波进入了印度和伊朗。

在伊朗苏萨发现的埃兰之神的金手青铜雕像

亚伯拉罕（Abraham）

　　有些人认为，族长亚伯拉罕是犹太教、基督教和伊斯兰教三种一神论宗教中神圣的族长，他可能在公元前2000年左右埃兰人出现时逃离了乌尔的战斗，在迦南（Canaa）找到了避难所。

上帝对亚伯拉罕的应许

埃兰人的文化

　　虽然埃兰人采用楔形文字书写，但他们自己的语言从来没有被破译过，所以我们对埃兰人所知甚少，仅存的一些认知来自美索不达米亚各个州的记录。

　　埃兰人的城市由祭司王所统治，他们在神圣的树林里举行秘密的仪式，以这种方式来拜祭他们的神，而且只有祭司阶层才有资格参加。他们有一个举足轻重的女神形象，与此同时，他们的主神从未被命名，只被称为"古苏萨人"（the Susian）。埃兰有一个纷繁复杂的继位体系，而且至少在一段时间里是母系的，国王妹妹的儿子继承王位。它的艺术和建筑也受到了美索不达米亚的影响，宫殿和金字形建筑反映了其邻国的审美。

犹太教是世界上第一个伟大的一神论宗教，它以崇拜上帝为中心，上帝即超然的造物主，与犹太人订立了契约。犹太人的基本律法是上帝赐给他们的，上帝应许给了他们迦南地。犹太人的律法不仅仅是通过道德和社会行为来管理社会的规则，还是一系列的宗教行为和生活中涉及各个领域的复杂习俗。

犹太律法被称为"哈拉卡"（halakhah），这个词也被翻译为"一个人所走的路"。纵观历史，遵循律法使犹太人有别于其他民族，因为他们决定了日常事务，比如可以吃的食物、健康习俗和卫生习惯。

《希伯来圣经》（基督教《旧约》）被称为"塔纳赫"（Tanakh），它包括三个部分：《律法书》（"摩西五经"）、《先知书》以及《圣录》（诗歌智慧书）。最神圣的文本是《律法书》（The Torah），它涵盖了犹太教基本教义和犹太人最早的历史，由"摩西五经"（Pentateuch），或摩西

希伯来早期历史

根据犹太传统，族长亚伯拉罕出生在美索不达米亚城市乌尔，乌尔城是由迦勒底王朝（Chaldean dynasty）统治的。他被上帝召唤并和家人一起移居迦南。他与上帝订立了契约，同意了上帝的律法，包括对出生后八天的男婴行割礼，他的子孙后代将成为上帝的子民，并继承迦南地。亚伯拉罕是另外两个伟大一神论"亚伯拉罕"宗教——基督教和伊斯兰教的族长。

亚伯拉罕和他的追随者被称为希伯来人（Hebrews），也就是"那些越过边界的人"。他们所说的语言也被称为希伯来语。人们认为，希伯来人是一个半游牧、半农业的民族，而且犹太男女族长统治的时期可能在公元前2000—前1800年。亚伯拉罕在希伯仑（Hebron）买了一块墓地，并且确立了对这片土地的所有权。他的儿子雅各（Jacob），后来被称为以色列，通过自己的十二个儿子建立了以色列十二支派（Twelve Tribes of Israel）。

大概在公元前1800—前1700年之间，雅各的小儿子约瑟被他嫉妒的哥哥们卖到埃及当奴隶，后来成了法老的谋士。当饥荒袭击迦南地区的时候，很多人包括雅各和他的家人被迫迁移到埃及，那里肥沃的尼罗河土地仍然可以养活大量的人口。约瑟在那里表明了身份，与他的家人和解，并帮助他们在埃及定居。

人们认为，当时的法老可能是战胜喜克索斯王朝的一分子，继而就可以解释了为什么希伯来人（Hebrews）最终沦为奴隶。埃及人奋起反抗入侵者，推翻喜克索斯人（Hyksos），奴役他们，而且对所有的外国人都一视同仁。

约瑟为法老解梦，此后约瑟便成为法老权威的谋士

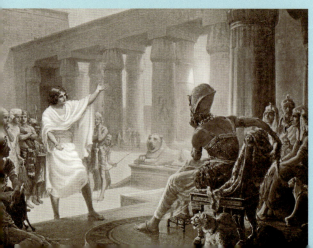

（Moses）的五本书（《创世记》《出埃及记》《利未记》《民数记》《申命记》）组成，它讲述了创世的故事、亚伯拉罕与上帝所订立的契约、上帝对摩西的启示、犹太教基本教义以及进入应许之地。尽管根据传统，"摩西五经"是上帝在西奈山（Mount Sinai）上交给摩西的，但现在人们认为它是由几个不同的作者经过一段时间编纂而成的。

目前没有考古学证据支持《圣经》

约前604 犹太向巴比伦进贡。据说丹尼尔和其他以色列青年被囚禁在巴比伦。
前6世纪 犹太人的宗教被称为犹太教。

中所述的有关犹太人的历史，但许多显而易见的大事件已经成为既定事实。

犹太教信仰

中世纪学者迈蒙尼德（Maimonides）将犹太信仰最广为接受的定义概括为：

1. 上帝是存在的；
2. 上帝是独一无二的；
3. 上帝无形无体却又无处不在；
4. 上帝是永恒的；
5. 上帝是唯一值得敬拜的神；
6. 上帝借先知向人类传递话语；
7. 摩西是最伟大的先知；
8. 犹太律法是上帝赐予摩西的；
9. 律法是无懈可击且不可变更的；
10. 上帝知道我们所知的一切；
11. 上帝惩恶扬善；
12. 弥赛亚必将来临；
13. 人的灵魂不灭，死后会复活。

《出埃及记》

四百年后，上帝差遣他的先知摩西带领希伯来人从被埃及囚禁的地方逃了出来，又天降十次瘟疫之灾去说服法老释放他们。当法老改变主意并命令他的军队重新抓回希伯来人的时候，上帝把红海的水分开，让他们逃跑。《出埃及记》的故事可能发生在公元前1300—前1200年之间。

希伯来人在摩西的带领下，在旷野漂泊流浪了四十载，在这期间，摩西从上帝那里领受了书面和口头的律法，包括"十诫"（Ten Commandments）。这一时期，希伯来人开创了七日一周，其中有一天是休息日，就是上帝在创造世界之后休息的那一天。

以色列人

当迦南几乎要被约书亚征服的时候，希伯来人重新定居在这片土地上，他们被称为以色列人和以色列的子孙后裔。这些可能发生在公元前1200—前1100年之间。

以色列人最初是由士师领导的，他们既是战争领袖，也是行政统治者，后来以色列人决定选举出一个国王、一个成功的军事领袖，扫罗（Saul）由此脱颖而出。他被先知撒母耳（Samuel）正式拥立为王，撒母耳也是最后的审判官。虽然扫罗战胜了以色列人的敌人，却违背了上帝的旨意，最终被大卫所取代。

最初，巴比伦是一个建在幼发拉底河岸边的小城邦，后来向东延伸到底格里斯河，它的东南部首先由苏美尔人统治，之后西北部由阿卡德人管辖，继而是由古蒂人总揽。

公元前1894年，巴比伦国王苏木阿布（Sumuabum, King of Babylon）宣布巴比伦独立，建立了一个持续三百年的王朝。这座城市的名字——巴比伦变成了这个国家的名字。

汉穆拉比法典

公元前1754年左右，汉穆拉比法典被以楔形文字写在了石碑和泥板上，包含282条类似于公元前2100—前2050年苏美尔乌尔纳姆国王编纂的法典，并且改进了阿卡德和亚述早期法律。现代的巴比伦是不同民族的家园，他们有自己独特的文化和规则，为了防止纷争，法典通过"以眼还眼、以牙还牙"的概念来规范正义。惩罚是根据社会地位而决定的。比如，如果一个贵族打断了贵族同伴的手臂，那么这个冒犯者的手臂也会被打断。若有贵族折断了奴隶的膀臂，只以罚款作为惩罚。

汉穆拉比声称，他的法典是"公正的判决"。它涵盖了280项民事和刑事法律的判决，包括日常生活中的案件，例如：

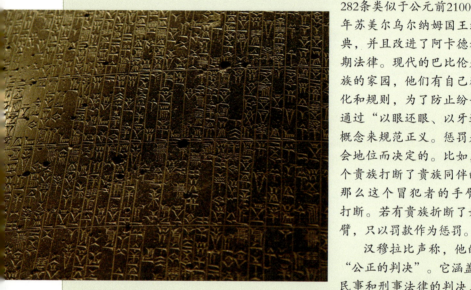

汉穆拉比法典

- 谋杀；过失杀人；身体伤害；
- 盗窃；挪用公款；非法砍伐棕榈树；收受赃物；抢劫；投机倒把；入室行窃；
- 诱骗绑架；奴役与勒索赎金；债务奴役；奴役的出逃以及对奴隶身份的反抗；人员、动物和船只的租金及其各自的关税；雇佣劳工所犯的罪行；
- 放牧对农田和农作物造成的过失损害所负有的责任；
- 税收；贸易企业的法律问题，特别是商人及其雇员之间的关系，以及贪污和挪用商品；信托资金；利息与贷款的比例；家庭法；
- 诋毁诽谤；司法腐败；
- 酒馆女老板的法律地位；彩礼；嫁妆；已婚妇女的财产；妻妾以及她们孩子的法律地位；离婚；收养；与乳母的契约；继承；某些女祭司的法律地位；
- 暴力抬高价格。

汉穆拉比国王
（前1792—前1750年在任）

巴比伦著名的统治者之一是第六位国王汉穆拉比。他在位期间，巴比伦可谓星光闪耀。他攻入美索不达米亚南部到达波斯湾并稳定了那个地区。与此同时，他还建立了一个高效的、中央集权化的官僚机构和税收体系。汉穆拉比统治时期被后世认为是一个黄金时代，从那时起，巴比伦受到美索不达米亚其他地区的崇拜敬仰，成为那个地域的宗教中心。著名的汉穆拉比法典是世界上迄今完整保存下来的最早的一部法典。

前1900 到目前为止，诸多巴比伦数学体系已经建立起来。

约前1894 巴比伦城宣布独立并且成为美索不达米亚一个颇具影响力的国度。

前18世纪 写于美索不达米亚的《吉尔伽美什史诗》（*The Epic of Gilgamesh*），基于早期的诗歌而创作，可能是世界上第一部文学作品。

约前1792—前1750 汉穆拉比统治巴比伦。

约前1787 在汉穆拉比国王统治下，巴比伦接管了美索不达米亚。

前17世纪 巴比伦人的创世故事被《埃努玛·埃利什》（*Enuma Elish*）所记载。

前1595 来自小亚细亚的赫梯人洗劫了巴比伦。

约前1500—前1157 来自伊朗的加喜特人控制了巴比伦。

约前1157 来自伊朗的埃兰人在巴比伦击败了加喜特人。

新的统治者

巴比伦帝国逐渐衰落，直到公元前1595年，赫梯人入侵，在穆尔萨利一世（Mursali I）的领导下推翻了巴比伦国王萨姆苏蒂塔纳（Samsuditana, king of Babylon）。这使得从巴比伦东部山区横扫而下的加喜特人（Kassites）取得了政权，建立了一个四百年的王朝。

亚述脱离了巴比伦的控制，建立了一个独立的帝国，偶尔控制巴比伦的部分地区，尽管在另一个时期两个帝国曾共存过。最终，随着实力的增长，伊朗的埃兰人征服了巴比伦的大部分地区，加喜特帝国在公元前1157年左右走向了灭亡。

汉穆拉比国王审判了一名被指控玩忽职守的外科医生。如果被判有罪，外科医生的手将被截肢

《埃努玛·埃利什》——创世的七块泥板

在加喜特人统治的最后几个世纪里，巴比伦的文学和宗教都突显出了繁荣的景象，最重要的当属这首名为《埃努玛·埃利什》的诗歌。

这首名为《埃努玛·埃利什》的诗是在尼尼微（Nineveh）被摧毁的亚述巴尼拔图书馆中发现的。在巴比伦的新年庆典上，人们吟诵这首诗来赞美马尔都克神（the god Marduk）。这首诗包含1000行古巴比伦/阿卡德的字迹，以楔形文字写在七块泥板上，讲述了诸神之战和创世的故事。根据从亚述和巴比伦发现的其他版本的楔形文字泥板，最早的故事至少可以追溯到公元前17世纪，并为我们提供了一个了解巴比伦人世界观的至关重要的视角。汉穆拉比法典也有相似之处。如今学者们意识到，《创世纪》中的某些圣经故事反映了美索不达米亚的原始文本，而且生活在巴比伦的犹太人一定是受到了《埃努玛·埃利什》的启发。

巴比伦创世史诗《埃努玛·埃利什》写在七块泥板上，每块泥板有115—170行文字

尼布甲尼撒一世（Nebuchadrezzer I，前1119—前1098）

经历过多次战争，位于美索不达米亚南部的伊辛市开始掌权第二个王朝。它最著名的统治者是尼布甲尼撒一世，他领导了一场反对埃兰人的运动，最终夺回了被盗的巴比伦主神马尔都克的雕像，并将它归还给了巴比伦的埃萨吉拉（Ésagila）。尼布甲尼撒一世击退了亚述人多年的进攻。

在尼布甲尼撒一世之后若干个世纪里，阿拉米人（Aramaeans）、亚述人和迦勒底部落为争夺巴比伦的控制权而互相争斗。从公元前9世纪起，新亚述国王开始了对巴比伦的统治，直到巴比伦帝国在公元7世纪晚期走向衰落。

巴别塔（Tower of Babel）

巴别塔即巴比伦伟大的埃特梅南基金字形神塔（ziggurat Etemenanki），被称为"天地之基的神殿"，供奉着马尔都克神，他的神龛置于塔顶，早先有大约200英尺（60米）高。巴别塔"babel"这个词在希伯来语中有"变乱"的意思，圣经学者认为它是基于误译，或者可能是一个双关语（英语中表示胡言乱语、含混不清的单词"babble"来源于巴别塔）。在阿卡德语中，巴比伦和巴别塔起初的意思都是"众神之门"。

巴别塔，1563年由老彼得·勃鲁盖尔绘制

在亚述国王沙姆希阿达德五世（Shamshi-Adad V）死后（前811），他的妻子巴比伦人塞米拉米斯和年幼的儿子国王阿达德尼拉里三世共同摄政，让巴比伦重新焕发了生机，人们在城市周围筑起了砖墙。在塞米拉米斯执政期间，她的所作所为激发了民众对她的尊重，这种尊重体现在各种雕像和石碑上。在这幅画中，塞米拉米斯正在巴比伦外猎杀一头狮子

悠久的巴比伦文化

音乐

　　音乐是人们日常生活的重要组成部分，在宗教和典礼中也发挥着重要作用。在巴比伦和美索不达米亚更广阔的地带，人们发现了成千上万的楔形文字书写板，记载了音乐在当时的用途。其中包括对某些乐器的调音和演奏以及音阶的参考。歌手、舞者、杂技演员的形象以及宗教和巫术仪式证实了音乐在社会上的重要性。

　　里拉琴和竖琴上通常绘有鹿、树、狮子捕猎瞪羚或山羊等形态逼真的场景，并装饰镶嵌以金、银、铜、珍珠母、彩色石灰石或天青石。音箱通常是一个直立或斜倚的牛头。乌尔城的一座皇家墓穴可以追溯到公元前2500年左右，墓穴里有献给国王的祭品——音乐家的遗体和里拉琴。

　　在美索不达米亚，也发现了银制和骨制的管乐器。

《吉尔伽美什史诗》

公元前19世纪，以阿卡德语写成的《吉尔伽美什史诗》（*The Epic of Gilgamesh*）可能是世界上第一部文学作品，它是在尼尼微的亚述巴尼拔（Ashurbanipal）图书馆中被发现。虽然在那里发现的十二块楔形文字书写板并不完整，但后来在安纳托利亚和美索不达米亚的考古发掘中又发现了这个故事的残片。

吉尔伽美什（Gilgamesh）的故事以往被认为是公元前2000年上半叶以苏美尔语写的五首诗：

- 吉尔伽美什与胡瓦瓦（Huwawa）
- 吉尔伽美什与天之公牛
- 吉尔伽美什和基什的阿伽
- 吉尔伽美什、恩奇都（Enkidu）以及冥界
- 吉尔伽美什的死亡

一块描述吉尔伽美什与乌特纳比西丁会面的石碑，乌特纳比西丁就像《旧约全书》中的诺亚一样，造了一条船在一场大洪水中幸存下来，其他人则在洪水中遭遇了不幸

史诗从开篇就赞美吉尔伽美什，他半人半神，是一个"伟大的建设者和战士，对陆地和海洋的一切都了如指掌"。为了反抗吉尔伽美什的严酷统治，阿努神（the gods Anu）创造了恩奇都——一个最初生活在动物中间的野人。恩奇都学习了在城市中如何生活并前往乌鲁克（Uruk），吉尔伽美什就在那里等着他。他们之间有一场力量的博弈，结果吉尔伽美什获胜了。恩奇都成为吉尔伽美什的朋友和伙伴（虽然在苏美尔语中是"仆人"）。他们都去对抗派来保护香柏树林的胡瓦瓦（Huwawa），接下来发生的事情在幸存下来的书写板中并没有记载。

吉尔伽美什回到乌鲁克，他拒绝了女神伊什塔尔（Ishtar）的求婚。伊什塔尔很生气，她派一头神圣的公牛去杀掉他，但公牛被吉尔伽美什和恩奇都杀死了。恩奇都做了一个梦，在梦里阿努神、埃亚神（Ea）和沙玛什神（Shamash）做出决定，既然吉尔伽美什杀死了公牛，那么他也要有和公牛一样的下场。恩奇都开始疾病缠身，他梦见了一座"尘土飞扬的房子"在前面等着他。后来恩奇都死了，吉尔伽美什为他感到悲伤。于是，吉尔伽美什开始了一段九死一生的危险旅程，他开始寻找巴比伦洪水的幸存者乌特纳比西丁（Utnapishtim），向他学习如何逃离死亡。乌特纳比西丁告诉了他洪水的来龙去脉以及在何处可以找到一种能焕发青春的植物。

吉尔伽美什发现了这种植物，但是它被蛇吃掉了，所以吉尔伽美什回到乌鲁克，变成了一个凡人。

最后一块碑文是关于遗失物品的，被称为"鼓（pukku）和锤（mikku）"，可能是伊什塔尔送给吉尔伽美什的鼓和鼓槌。史诗的尾声是恩奇都的灵魂承诺重新找回这些东西，但随后给出了一段阴森森的对冥界的描述。

对伊什塔尔公牛的屠杀

系统的标准化调音，即七个不同且相互关联的音阶，是从公元前1800年的古巴比伦时期开始被大众所接受，但有证据表明，苏美尔人的祖先在更早的时候就开始接受七声音阶。有趣的是，这七个音阶与1400年后使用的七个希腊音阶有着千丝万缕的关联。此外，巴比伦人常用的一种音阶相当于我们今天的"哆来咪"音阶。

巴比伦人也用精心设计的棋盘、骰子和筹码玩游戏。不幸的是，现在还没有人找到游戏规则，所以我们不知道游戏是怎么玩的。

语言与文字

巴比伦始终是一个多元文化的社会，有着许多不同的部落、语系、习俗以及属性相同但名字不同的众神。

在萨尔贡时期，阿卡德语（Akkadian）从美索不达米亚传到地中海和波斯湾。到公元前2000年左右，阿卡德语取代了苏美尔语（Sumerian），成为美索不达米亚南部的通用语言，但苏美尔语仍然

巴比伦的贸易

几乎没有一个国家能在没有商品和原材料贸易的情况下维持本国的经济发展，因而人类几千年以来一直热情地从事着这项工作，巴比伦也不例外。人们在当地开采了石灰石，然而并没有其他可用的石头；硬木也是相当稀有，棕榈树不适合作为雕刻或建筑材料，除非将它用作粗糙的横梁。但是，古巴比伦人富可敌国，有能力进口他们需要的建筑材料和各种各样的奢侈品。

商人们聚集起来，组成了长途跋涉的陆上商队。牛车运载着重物，而驴子能驮重达150磅（超过68公斤）的货物，它们穿越了大车无法穿越的崎岖不平的旷野和山脉，有些还要向东穿过扎格罗斯山脉，进入波斯、阿富汗以及更远的地方。

船只在幼发拉底河和底格里斯河上来回航行，运送货物到达安纳托利亚，然后穿过波斯湾到达阿拉伯海和印度河流域。许多国家都建立了贸易前哨。

随着贸易的发展，巴比伦统治者会定期向其他强大的统治者发送信息，并赠送外交礼物。

商品

出口商品
- 绵羊与山羊
- 鱼类
- 枣子
- （羊、牛等动物的）角
- 亚麻制品
- 包括大麦在内的谷物
- 蔬菜
- 皮革制品
- 坚果
- 食用油
- 陶器制品
- 用于宗教仪式的小雕像
- 象牙雕刻品
- 编织类商品
- 珠宝
- 绵羊和山羊的羊毛

进口商品
- 木材
- 金属矿石
- 埃及黄金
- 阿拉伯铜
- 波斯锡
- 印度象牙、珍珠和宝石
- 印度香料
- 安纳托利亚银
- 半宝石
- 布匹

被视为书写神圣文学的语言。几乎在同一时间，阿卡德人的语言按他们所在的地域被分成了两种方言：在美索不达米亚北部说的亚述方言和在南部说的巴比伦方言。最初，亚述人主要使用亚述语（Assyrian），但到了公元前9世纪，巴比伦语（Babylonian）取代了亚述语，成为中东地区的主要语言。在公元前7—前6世纪，阿拉米语（Aramaic）开始取代巴比伦语成为主要的口语，但巴比伦语仍然被用于数学、天文学和其他学科的文本之中。不过，巴比伦语在公元1世纪就绝迹了。

阿拉米语是流浪的阿拉米人的语言，他们经常给美索不达米亚国王制造麻烦。这种语言在中东和阿拉伯地区被广泛使用，比美索不达米亚文字更浅显易懂。在公元前745—前727年，统治亚述的提革拉毗列色三世（Tiglath-pileser III），从他征服的叙利亚领土上采纳了这套字母系统，无意中用它们重新书写了更古老的历史，留下了无比宝贵的历史遗产。

一位巴比伦女祭司正在派遣贸易商队。在巴比伦第一个王朝，国家允许女祭司从事商业活动，但禁止她们打开啤酒店的门或进入啤酒店，否则将被判死刑

根据中国古代的传说，五位神仙一般充满智慧的统治者将推动人类社会发展的重要发明带向了人间。人们认为医学、农耕、文字、历法和桑蚕培育的秘诀都是这五位统治者发明的。

这些圣人依照功绩来选择他们的继承者，最终禹因为在防洪方面的智慧而被选中。禹任命他的儿子跟随他，建立了夏朝，并开始了世袭继承。夏朝，究竟是一个真正的历史阶段，还是一个传说？历史学家们对它的归属意见不一。

商朝

中国第一个被考古材料证明的王朝是商朝，商朝的帝王名单以甲骨文记录。大约在公元前1600年，据说一个强大集团的部落首领商汤，推翻了衰落的夏朝的最后一个统治者，在富饶的黄河边上建立了商朝。

商朝重要的技术发展之一是现代文字书写的肇始。他们将文字刻在陶器和青铜器上，但主要还是刻在数千块甲骨上，其中最早的书面记录可以追溯到公元前1250年。牛肩胛骨、龟壳或其他骨头用于占卜时，它们会被加热而裂开或用青铜工具打碎敲开，以提供问题的答案。然后，问题和答案都用象形文字写在骨头上，而象形文字正是现代汉语书写的先驱。商朝组织有序且精益求精：甲骨上还会记载祭祀仪式的日期，以及提问者的姓名和祖先。

宗教祭祀主要是以商朝最重要的神——商帝（至高无上的神）以及祖先为对象进行的。一般情况下，占卜只是请求祖先保佑商帝，以获得对某一行为的认可。帝王们监督着占卜的过程，并代表整个社会提出至关重要的问题，比如是否会在那一年有好收成，或者祖先们是否赞成某种特定的军事行动。

在甲骨文中记载的占卜主题还包括生育、狩猎、疾病、天气、梦以及好运。

黄帝，是中国古代神话中的五大统治者之一。人们认为，黄帝发明了武器、水井和农业系统，并改进了衣服和房屋

前2000　中国和亚述在当时都有复杂的大规模灌溉系统。

前2000—前1700　来自俄罗斯南部的吐火罗人向南迁移，把战车带到中亚。他们在中国新疆塔里木盆地的木乃伊尸体被称为"塔里木木乃伊"（Tarim mummies）。

约前1700　中国的二里头镇被占领。

约前1600　中国历史上第一个王朝——商朝。

约前1200　（古代双轮马拉）战车是从中亚引进到中国的。

前1050　根据传统，中国西周的周文王写下《易经》。

前1046　周朝推翻了商朝。

汉字系统

中国最古老的文字系统仍在使用，汉字最早在商朝（约前1600—前1046）得到了适当发展，尽管一些早期文化的石刻可能促进了商朝的书写。

汉语并不是一个真正的字母表。在字母表中，它的书写符号表示声音，一个词是由字母的不同排列而组成的，而在汉字系统中每个汉字代表一个特定的意思。

一座古老佛教寺庙的石碑上刻有汉字

汉字是从象形文字发展而来的。在象形文字中，一个物体的图片代表了那个物体，经历不同的阶段之后，这个字符与代表其意义的图片几乎没有相似之处了。

一个典型的例子是字符"日"的进展，它的意思是"太阳"。它在商朝的符号是一个圆，中间有一个点。随着时间的推移，它变成了一个圆形，一条波浪线水平地穿过它，然后变成了一个半圆形，顶部大致笔直，一条水平线穿过它，最后变成了一个现代形式的大致的直立矩形，在矩形内有一条水平的笔画。

另一个例子是字符"人"。其象形文字是一个人侧面轮廓的大致剪影。在进化过程中，好像这个人弯着腰，仍然是剪影，直到今天，它只是两条弯曲的线在各自的顶部相遇。

词语可以由汉字组合而成。

因为书面汉语只有在你认识这些汉字的情况下才能被理解，所以必须用心记住它们。但是汉朝皇帝迈出了重要一步，进一步规范统一了整个帝国的文字。这意味着帝国所依赖的士大夫们可以读出来自遥远地方的信息，他们相信无论作者说哪种方言，这些文字的意思都是一样的。

汉字有八种基本笔画用于书写，笔画总是按照严格顺序进行。优雅的书法被认为是中国最高的艺术形式，并且也被视为一种颇受欢迎的艺术技巧。

商朝青铜器

在商朝时期，中国有着世界上最先进的青铜铸造文明。在技术上，中国实现了从新石器时代到青铜时代的过渡，那时的人们用青铜金属制作工具、工艺品以及武器。所有类型的青铜器都与商朝统治阶层有关，尤其是巨大的、可能用于仪式的、通常装饰着动物面具或怪物面孔的青铜器。玉雕、陶罐和珠宝也如法炮制。

商朝祭司们需要知道举行仪式和节日的确切日期，所以从很早的时候，他们就开始进行天文观测并记录历法。

几座有城墙的城镇建立了起来，商朝的帝王把他们的都城定在殷墟（今安阳附近）。商朝使用的战车、强劲的弓箭以及青铜武器，比那时中国的其他部族在军事上略胜一筹，而且商朝拥有一支常备军，不仅是为了进攻，也是为了防御来自北方草原游牧民族的进攻。然而，大多数人都是靠在土地上耕作谋生，他们拥有自己的土地，但必须供养商朝统治者——所有土地的真正所有者。

商朝还有奴隶，他们中的许多人被

美国俄勒冈州波特兰市的大同与西安宝宝青铜器雕像（"世界大同"与"象宝宝"）。它的灵感来自商朝的一个酒壶

商朝青铜炊具

商朝晚期刻有文字的甲骨

活埋在帝王的大墓中，一些人则被斩首了。皇家墓穴里还有马的尸体和青铜器皿。几乎所有的商朝墓葬都被洗劫过，但有一座幸免于难——公元前1200年左右去世的妇好夫人的墓。妇好是商王武丁的妻子，也是一位在历史上有着很大影响力的女性。她的陪葬品囊括了千余件珍贵的玉器和青铜制品，以及近七千个当时被用作货币的贝壳。为她陪葬的还有六只狗和十六个仆人，很可能是活人献祭。

但是与商朝的帝王相比，妇好就显得微不足道了，所以给帝王陪葬的器物和人数可想而知，必然是令人难以置信的。

疑似商朝刻有甲骨文的龟甲化石

衰落与瓦解

商朝的帝王越来越软弱无能，最后一个皇帝是一个不受欢迎的暴君。公元前1046年商朝被推翻，取而代之的是周朝。

公元前3000年后不久，一群被称为赫梯人的武士骑着马，驾着战车，从黑海北部进入小亚细亚或土耳其的亚洲部分安纳托利亚。他们征服了当地人民，并从亚述人在这个地区的殖民地学会了书写楔形文字。到公元前2000年，赫梯的各个部落联合成一个帝国，到公元前14世纪中叶，这个帝国统治了土耳其、黎凡特的部分地区以及美索不达米亚北部。

早在公元前18世纪，赫梯人可能已是最早开始使用铁器的人。虽然这给了他们军事上的优势，但铁器很快就传遍

浮雕是典型的赫梯艺术

了西亚以及更远的地方。

赫梯人的都城在土耳其的哈图萨斯（今博阿兹卡莱），公元前1595年，他们在穆尔萨利一世的统治下洗劫了巴比

卡迭石：历史上的第一次战役

这是人类历史上第一次有关于战术和战斗阵型等细节记载的战斗。公元前1274年，在位于今天的叙利亚霍姆斯附近，多达6000辆战车参加了卡迭石战役。这是历史上规模最大的战车之战，是拉美西斯二世统治下的埃及和穆瓦塔利斯二世（Muwatallis II）统治下的赫梯人为争夺这个地区以及流经此地重要贸易路线的控制权而引发的。

有关军队和战略的细节可以从"卡迭石铭文"（Kadesh Inscriptions）中得知，这是一系列在埃及不同地点发现的墙壁浮雕和莎草纸上的文字，还有赫梯人的记录，使之成为古代世界记录最完善的战斗。

根据赫梯人的说法，埃及人不得不屈辱地从围墙高立的卡迭石城撤退。然而，根据埃及的记录，拉美西斯强迫赫梯人在城堡里避难，但他的兵力已被削弱到无法继续围攻，他不得不将兵力撤出。用

现代术语来说，这是一场平局。

第一个和平条约

卡迭石战役留下了世界上现存最早的国际和平条约，影响很大。该条约起草于公元前1271年，由埃及法老拉美西斯大帝（Rameses the Great）和赫梯国王哈图斯利斯三世（Hattusilis III）签署，条约是用美索不达米亚的阿卡德语（Akkadian，又称巴比伦-亚述语）以及埃及象形文字写成的。两位统治者同意结束两国之间的战争，在发生入侵或内乱时互相扶持，并引渡政治叛乱分子。

这个条约最初记录在银版上（现在刻在联合国总部的墙上），有助于维持和平，直到不久之后赫梯帝国灭亡。公元前1245年，国王哈图斯利斯的长女嫁给了拉美西斯，以巩固二者之间的关系。

伦，此后他们的第一次扩张很快就停止了。然后在公元前1450年，赫梯人开始了新一轮的征服。在赫梯国王苏皮卢利乌马斯（Suppiluliumas, King of the Hittites）的统治下，他们的帝国在公元前1380年左右到达了迦南（现在的以色列）的边界。这一扩张使他们与埃及的拉美西斯大帝（拉美西斯二世）发生冲突，当时的拉美西斯大帝是一位年轻的国王，正试图扩张他的王国。公元前1274，这两个帝国年在卡迭石战役（Battle of Kadesh）中发生了冲突。

前1595 来自小亚细亚的赫梯人洗劫巴比伦。

前1450 赫梯人开始在小亚细亚和叙利亚建立帝国。

前1274 拉美西斯大帝率领的埃及人与赫梯人之间的卡迭石战役，为了争夺对叙利亚的控制权。这是第一场有据可查的战役，也是有史以来规模最大的车战。

前1271 世界上第一个为人所知的和平条约是埃及人和赫梯人起草的。

前1245 赫梯国王哈图斯利斯的长女嫁给了埃及拉美西斯大帝，以巩固两国之间的和平。

前1210 赫梯人在最早的海战中击败了一支塞浦路斯舰队。

约前1200 小亚细亚的赫梯人首次明确使用铁器。

前1193 赫梯帝国崩溃的部分原因是入侵者的攻击，如海上民族和弗里吉亚人。

与亚述的冲突

赫梯人不仅与埃及发生冲突，还与米坦尼（Mitanni）和中亚述帝国（Middle Assyrian Empire）发生冲突，后者最终占领了赫梯人的许多领土。大约在公元前1200年，新的入侵者——海上民族和弗里吉亚人（Phrygians）——袭击了赫梯人的领地，赫梯帝国瓦解成了独立的城邦，哈图斯利斯（Hattusas）本人连同其不朽的岩石雕塑被夷为平地。之后弱小的城市被新亚述帝国（Neo-Assyrian Empire）的国王吞并，赫梯人就此从历史上消失了。

赫梯法典

赫梯的法律被称为奈西林法典（Code of Nesilim），这个律法不太注重报复惩罚，往往侧重于迫使违法者为犯罪行为做出赔偿，包括向被冤枉的人付款，例如，打断一个行动自由的男人的胳膊或腿，或打掉他们的牙齿，要付20个银币。

在法典中也包括死刑，尤其是对不服从国王或君主的人。赫梯人似乎还痴迷于与动物发生性关系：法典列出了与各种不同动物发生性关系的惩罚（与马发生性关系不是犯罪），甚至列出了如果与动物进行性行为会发生什么！

虽然如果受害者是奴隶，赔偿会减半，但赫梯法律明确规定了奴隶拥有的某些权利和保护。例如，他们可以选择和谁结婚，也可以购买自由。

用楔形文字书写的赫梯法律石碑，附有"信封"和签名印章

小亚细亚 | 特洛伊战争

19世纪70年代，考古学家海因里希·施里曼（Heinrich Schliemann）发现了特洛伊城的废墟和一些精美的珠宝。然后，他又发现了特洛伊战争时期富有的迈锡尼（Mycenae）古墓。他的发现包括一个金色的面具，被称为阿伽门农（Agamemnon）的面具。阿伽门农是特洛伊战争期间的希腊指挥官。

在废墟被发现之前，人们通过希腊诗歌和戏剧，尤其是荷马（Homer）的长篇史诗《伊利亚特》（The Iliad，特洛伊被希腊人称为伊利昂），了解了特洛伊被围困十年、海伦和帕里斯以及特洛伊木马（Trojan Horse）的故事。尽管《伊利亚特》中只有一部分留存下来，但它向我们展示了希腊人对宇宙和战争的看法——变幻莫测的神干预了人类的生活，人们往往是受命运和宿命支配的傀儡。

故事

特洛伊战争（Trojan War）的短篇故事是希腊斯巴达国王墨涅拉俄斯（Menelaus）的妻子海伦（Helen）与特洛伊王子帕里斯（Paris, Trojan prince）私奔。希腊人组建了一支强大的入侵舰队，包围了特洛伊城，以夺回海伦。他们进行了几场激烈的战斗和几次单打独斗，尽管特洛伊人锲而不舍地坚守了十年，最后还是落入了希腊人的圈套。希腊人建造了一匹巨大的木马，然后佯装放弃特洛伊城。但是，他们的士兵藏在木马里面，当获胜的特洛伊人把木马当作临别礼物拖进城墙内后，希腊人在夜间跳了出来，出其不意地袭击了特洛伊人并摧毁了这座城市。

然而，还有许多其他的故事充斥着赤裸裸的事实。诸神——对希腊人来说非常真实，行为举止表现得像人一样，有仇有爱，而且他们之间的敌意创造了战争的背景，并显而易见地决定了战争的进程。

特洛伊战争中的希腊人和特洛伊人

普里阿摩斯宝藏，海因里希·施里曼发现的一批黄金和其他艺术品

约前1500—前1000　围攻特洛伊。

　　希腊人对特洛伊的围攻发生在公元前1500—前1000年之间。小亚细亚或安纳托利亚的特洛伊是一座繁荣富强、闻名遐迩的城市，控制着通过达达尼尔海峡（Dardanelles）[古时称赫勒斯滂（Hellespont）]的陆上和海上贸易路线。人们认为它有巨大的防御墙，根据传说城市里还坐落着一些"无顶塔楼"。

倾国倾城

　　海伦也是诸神的傀儡。伊丽莎白时期的剧作家克里斯托弗·马洛（Christopher Marlowe）在他的戏剧《浮士德博士的悲剧》（*Doctor Fasutus*）中将她描述为"一张倾国倾城的脸"。她几乎可以选择希腊世界中任何一个单身男子结婚，而她却选择了斯巴达（Sparta）国王墨涅拉俄斯。但是，阿弗洛狄忒（Aphrodite）命令海伦爱上帕里斯，和他一起冒险从希腊逃到特洛伊。海伦的两个兄弟是卡斯特（Castor）和波拉克斯（Pollux），这对双胞胎被称为双子座。在荷马的故事中，她后悔自己的行为造成了如此多人的死亡，最终她在特洛伊陷落后被带回了斯巴达。

　　海伦愤怒的丈夫墨涅拉俄斯号召他的哥哥——强大的迈锡尼国王阿伽门农，组建了一支入侵舰队。一些著名的希腊英雄加入了军队，包括阿喀琉斯和奥德修斯（Odysseus），阿喀琉斯除了脚跟之外的其他部位都是无懈可击的，奥德修斯的十年归途是荷马的另一首伟大史诗《奥德赛》（*Odyssey*）的主题。

特洛伊的海伦

帕里斯的审判（Judgement of Paris）

特洛伊王子帕里斯（Paris）出生时，一道神谕预言他会毁灭这座城市。因此，正如许多故事中所发生的那样，他还是个婴儿时就被遗弃在野外。一个牧羊人发现了他，并把他抚养成一个英俊的年轻人。后来，他被赫拉（Hera）、阿弗洛狄忒（Aphrodite）和雅典娜（Athena）三位女神选中，来评判她们之中谁最美。帕里斯从一开始就注定要失败——他会赢得他所选择的女神的青睐，但一定会冒犯其他两位女神。

三位女神都想贿赂帕里斯。赫拉给了他权力和财富，雅典娜许诺他在战争和名誉上的卓尔不群。爱神阿弗洛狄忒用世界上最美丽的女人的爱来诱惑他，赢得了他的选票。他遵照了爱神的指示，向他真正的父母——特洛伊的普里阿摩斯（Priam）和赫卡柏（Hecuba）——表明了自己的身份，然后乘船去了希腊。但是另外两位女神支持希腊人对抗特洛伊人，帕里斯就此与她们为敌了。

特洛伊城的围攻

在城外的平原上，希腊人和特洛伊人一场接一场地交战。希腊人一直无法攻破特洛伊坚固的城墙，而特洛伊人也一直无法摧毁希腊人的营地和船只。希腊人还洗劫了城市周围的土地，抢走食物和财宝，把抓来的俘虏作为奴隶献给首领们。他们时常会因为被俘的女人起冲突。在围攻的第九年，阿喀琉斯（Achilles）被迫把他俘虏的布里塞伊斯（Briseis）交给阿伽门农（Agamemnon）之后，就在一段时间里退出了战斗。

《伊利亚特》中的很多内容都与希腊人的内部冲突有关，也与他们的葬礼竞技和为战利品展开的竞争有关。它还记录了一些战斗的过程和发生的细节。在许多关键阶段，诸神的介入影响了战争的进程。

特洛伊的伟大英雄是赫克托耳（Hector）王子，他最终被阿喀琉斯（Achilles）杀死。帕里斯在阿弗洛狄忒的指引下向阿喀琉斯脆弱的脚跟射出了一箭，杀死了他。但在不久之后，当希腊人即将功亏一篑的时候，狡猾的奥德修斯提出了最后一个计划：特洛伊木马（the Trojan Horse）。

阿喀琉斯和赫克托耳之间的决斗

帕里斯的审判

特洛伊城的遗址

　　令人难以置信的是，考古学家海因里希·施里曼（Heinrich Schliemann）当年竟然是用炸药摧毁了覆盖遗址的土丘顶部，那个地方曾被他认定是特洛伊的遗址所在。因此，他摧毁了各个层面的考古信息，其中可能包括大部分荷马城，然而他确实发现了一座庞大的、富有的、建筑精良的、防御系统严密的城市，而且这个城市曾在不同时期被烧毁。在他的发现中，有一批漂亮迷人的金器和珠宝藏品，他误将它们命名为"普里阿摩斯的宝藏"（Priam's Treasure）和"海伦的珠宝"（Jewels of Helen）。

特洛伊木马

特洛伊城遗址

在公元前1700年左右，摧毁印度河流域城市的掠袭者最初可能来自俄罗斯南部和中亚大草原，他们可能是经由伊朗进入印度的。他们说着印欧语系的语言，称自己为"雅利安人"（Aryan），暗含着"贵族"的寓意。他们使用马车和战车，享受着迁移的乐趣，而这一点正是他们遇到和占领的定居社群所缺乏的。

雅利安人最初是游牧民族，早期定居在印度河流域北部的旁遮普（Punjab），围绕着印度河的七条河流及其支流杰勒姆（Jhelum）、查纳布（Chenab）、拉维（Ravi）、比思（Beas）、苏特莱（Sutlej）和萨拉斯瓦蒂（Saraswati）。

吠陀时代早期（前1500—前800）

以田园和农业经济为基础的乡村定居社群开始取代游牧的生活方式。人们饲养牛羊，种植水稻和小麦。他们住在用泥土和竹子建造的房子里，用他们的战车比赛，享受赌博的乐趣。牛是这一时期最重要的商品，人们认为早期雅利安人经常袭击其他村庄："战争"一词意味着"寻找牛"，而"亲属群体"这个词则意味着"牛栏"。

包括祭司（yajna）在内的部落集会对他们来说是习以为常的事情，这是一种由祭司主持的祭祀仪式，以此来彰显首领的英勇和成功。首领是通过掷骰子游戏、牲畜抢掠和战车比赛等多种方式选出的，继而得到贡品作为对他保护部落的回报。这是一个父系宗法社会，但妇女受到尊重并享有一些权利。社会中不存在童婚，妇女可以列席地方议会。《梨俱吠陀》中的一些圣诗表明，一定程度的社会流动是可以实现的。

《梨俱吠陀》描述了雅利安人和他们所遇到的无神论者达荼罗族人（Dasyus）之间的冲突。"Dasyus"后来演变为"奴隶"的意思，表示征服者与被征服者之间的关系。在吠陀时代早期，神被视为自然力量的化身，并由普通人自己在野外举行简单仪式来参拜。《梨俱吠陀》中的主神是因陀罗（Indra），他是强大的造物主，是天上的王，是雷电、风暴、雨水和江河之神。这个时期其他重要的神还包括众神之母普里特维（Prithvi）、烈火之神阿格尼（Agni）以及死神阎罗王（Yama）。

因陀罗也是战神，雅利安人把帮助他们征服敌人的功劳归于

孟买象岛加拉普利洞穴的湿婆神雕像

大约在公元前1500—前500年之间，最古老的印度教圣典"四吠陀"（the four Vedas）问世，这一时期被命名为"吠陀时代"（Vedic Period）。"吠陀"（veda）这个词仅仅意味着"知识"。起初，赞美诗和其他宗教作品通过口头的吟诵代代相传，但是在公元前1500—前1200年的某个时间，

《梨俱吠陀》最古老的部分用梵文（Sanskrit）写了下来，人们通过它洞察当时的社会和生活。

他。在后期，当圣殿里开始偶像崇拜的时候，因陀罗被毗湿奴（Vishnu）、湿婆（Shiva）和克里希那（Krishna）所取代。

公元前1000年后不久，铁器被引入，这意味着可以用斧子扫清丛林，耕种更厚实的土壤，水利灌溉也更加完善，于是雅利安人开始向南扩张。

早期的印度王国

在吠陀时代早期接近尾声时，王国开始在印度形成。《梨俱吠陀》的编纂最初发生在库鲁王国（Kuru Kingdom）早期，大约是从公元前1200—前900年，尽管早期统治者的时间同样也是一个颇具争议的问题。

大约在公元前9世纪或者更早的时候，库鲁国王帕里克希特（Parikshit）和他的儿子阇那弥觉耶（Janamejaya）将这个王国打造成了在印度北部占统治地位的政治和文化力量。在《摩诃婆罗多》（Mahabharata）中提到，帕里克希特是哈斯蒂纳普尔王位的继承者，他把吠陀圣歌收集成一篇经文。他的儿子阇那弥觉耶启动了一个重要的火祭仪式，在火神祭司的帮助下，向神供奉饮食，希望得到神的恩惠作为回报。

库鲁国被非吠陀的萨尔瓦人（Salva people）征服，而吠陀文化于公元前900—前750年在吠陀王达尔毗夜（Dalbhya）的统治下向东迁移到般阇罗国（Panchala）。公元前850年左右，毗提诃王国（kingdom of Videha）继续向东，在尼泊尔东南部和比哈尔邦（Bihar）北部安邦立业。在公元前8世纪或公元前7世纪，在其国王迦那卡［Janaka，《罗摩衍那》（Ramayana）中提到了他］的统治下，宫廷接待了婆罗门的圣贤和哲学家。迦那卡被认为是一个理想的国王，虽然身处富丽堂皇的奢华之中，但他并不依恋于物质财富。

维什帕拉（Vishpala）

《梨俱吠陀》中提到了一位名叫维什帕拉的女战士。维什帕拉在战斗中失去了一条腿，取而代之的是一条铁腿。这是现存最早的关于假肢的说法，不过，一些评论家认为维什帕拉实际上是一匹马。

公元2世纪，古希腊天文学家和地理学家托勒密在《地理学》一书中绘制的亚述和帕提亚的地图

亚述（阿舒尔）曾是好战之国亚述的都城，是美索不达米亚北部诸多以阿卡德语为主要语言的城邦之一。大约从公元前2300年开始，这些城邦由阿卡德萨尔贡一世帝国及其王朝所统治。在乌尔三世新苏美尔帝国晚期，亚述曾经是一个地区的都城，由它的邻国米坦尼统治，但是几百年后，美索不达米亚北部的亚述地区业已发展成为一个不容小觑的帝国。

从大约公元前1340年—前7世纪，

第一个亚述帝国（Assyrian Empire）

大约在公元前1340年，亚述乌巴立特（Ashuruballit）反抗邻近的米坦尼王国，并且占领了美索不达米亚东北部。夹在赫梯和新亚述帝国之间的米坦尼便从此退出了历史。亚述乌巴立特和他的继任者为亚述文明设定了发展模式：战争、战争以及更多的战争。

从尼尼微的西拿基立（辛那赫里布）宫殿里的一幅浮雕上可以看到亚述士兵在战斗

毫无疑问，第一批亚述帝王在与他们强大的南方邻国对比之下深感自身的不堪一击，他们不得不保护自己免受东部山区部落的袭击。亚述成了一个军事国家，在公元前1000年左右动用了军事战车，引进了强有力的武装骑兵，可能还发明了攻城武器，比如装在移动塔上的攻城槌，当时的他们还用梯子攀登城墙。

亚述乌巴立特自诩为"伟大的国王"，并第一个使用了亚述这个名字，意为"亚述之地"。据记载，国王阿达德尼拉里一世（Adad-nirari I, 约前1295—前1264）是第一个被神召唤去打仗的人，其他亚述人也是如此自命不凡。除了纯粹的征服欲望，亚述人还发动战争来控制或开放贸易路线。

恐怖的统治

亚述国王撒缦以色一世（Shalmaneser I, King of Assyria，前1263—前1234）使用心理战，吹嘘他自己已经刺中了14400名战俘每人一只眼睛。他惯用的一种亚述策略，是通过将大量臣民驱逐亚述是美索不达米亚的主导力量，一度与南方的巴比伦帝国旗鼓相当。亚述历史经历了几个主要阶段：

·早期以及古亚述时期：大约公元前2450年有了最早城邦国王所作的铭文，但这些城邦通常仅限于苏美尔、巴比伦或米坦尼的领地

·前14—前11世纪的中亚述帝国（前1340—前1076）

·前9—前7世纪的新亚述帝国（前911—前605）

约前1340 中亚述帝国开始在美索不达米亚掌权。

约前1263—前1234 撒缦以色一世统治亚述，他建造了尼姆鲁德城（卡拉）。

前1200—前800 亚美尼亚的大部分地区联合起来成为一个王国联盟，被亚述人称之为"河流之地"。

约前1076 中亚述帝国失守。

约前1000 亚述引进了一支颇具影响力的骑兵部队。

在新亚述帝国的鼎盛时期，它的版图西起埃及和塞浦路斯，一直延伸到波斯东部边境，北至高加索地区，南至埃及和阿拉伯半岛北部。

到帝国的其他地区来削减被征服民族的反对。他还组建了高效和庞大的文官队伍（为军队提供所需），文书和政府官员将陪同部队，随时准备记录和整理战利品——人和物都包含在内。

亚述人残忍的名声与日俱增。宫殿墙壁和石碑上的雕刻彰显出战争的恐怖，意在恐吓和打击敌人，而且取得了预期的效果。人们往往宁愿投降，也不愿冒着遭到残酷报复的风险与他们战斗。

除了战争，亚述国王也钟情于大型建筑工程，建造出了宏伟的宫殿和寺庙，拓宽并改善了他们的城市。到公元前1000年，尼尼微和阿苏尔两座城市都富裕到足以在底格里斯河上建造石桥。

在提革拉毗列色一世（Tiglath-pileser I）统治末期，亚述和其他美索不达米亚国家日益受到半游牧的阿拉米部落的威胁，例如迦勒底人（Chaldeans），他们开始在美索不达米亚越来越多的地区定居。亚述的边境被攻破，帝国一度不堪一击。

撒缦以色一世攻取并拆毁了阿林努的堡垒，把其中的尘土倒出来，献给他的神阿舒尔

西亚 | 海上民族

公元前1276—前1178年，生活在埃及、叙利亚、巴勒斯坦、塞浦路斯和安纳托利亚东部海岸的人们被一个叫作"海上民族"（Sea People）的航海掠夺者联盟所侵扰。埃及人和赫梯人关于突袭的记录偶尔会提到参与袭击部落的名字，或者他们来自哪片领土，但是没有人能够确定具体位置。

人们认为，海上民族可能是导致赫梯帝国衰落的原因之一，但是在公元前

前1193 赫梯帝国崩溃的部分原因是入侵者的攻击，如海上民族和弗里吉亚人。

前1175 非利士人定居在迦南，他们可能是海上民族的成员。"巴勒斯坦"一词就源于他们的名字。

1178年，埃及的拉美西斯三世（Rameses III of Egypt）摧毁了海上民族的入侵舰队，掠袭者就此从历史上消失。

前1178，埃及的拉美西斯三世在三角洲战役中最终打败了海上民族

周朝原本是一个半游牧部落，一直效忠中国商朝帝王。公元前1046年，在牧野战役后，周朝夺取了这个国家的控制权。他们为这场反抗最后一个残暴的商朝帝王的起义而做的申辩，成为中国长久以来的一种信仰：皇帝和王朝只有在得到"天"的认同和许可的情况下才能统治国家。如果一个统治者软弱无能，或者残忍腐败，那么"天"就会从那个王朝收回对他们的支持，所以是时候建立一个新的统治家族了。因此，周朝声称他们有"天命"，是以"天子之名"统治天下。

周朝是中国历史最悠久的王朝，大约持续了八个世纪，它确立的一些政治、社会和文化上的特色，将在未来两千年里成为中国不可或缺的一部分。

约前1000 《诗经》是中国最早的诗歌总集。《周易》六十四卦产生。

约前770 中国的春秋时期开始。

前770—前221 随着思想体系的日渐完善，中国出现了百家争鸣的局面。

前500 从中国台湾到菲律宾、马来西亚东部、越南南部和泰国，在中国南海周边形成了一个庞大的翡翠贸易网。

中国人采用"中国"作为国家的名字。

前500 在中国，风筝（又名纸鸢）被用于军事交流：风筝的颜色代表了编码信息。传说巨型风筝被用来运送执行侦察任务的军事观察员。

中国人使用算盘进行计算，而且现在仍在使用。

周朝的诸多创新之举

周朝以长安（今西安市）为都城，开创了一种全新的封建国家政体。土地所有者在他们的领土内拥有自己的权力，但他们是君主的附庸。其他创新之举包括：

- 铁器的使用
- 钱币
- 以牛耕犁
- 弩
- 骑马
- 道路和运河

在周朝，大规模的灌溉工程开始实施，改善了华北平原的农作物。城镇如雨后春笋般发展起来，贸易也随之频繁，特别是新兴的公路和运河沿线交通更为便利了。文字书写也有了发展，它从早期的原始状态渐入佳境。

公元前771年，入侵者杀死了周幽王，次年，周朝将都城迁到了东部的洛阳，开启了一个新的东周时期。然而，周朝王室的力量被削弱了，封建首领开始独揽越来越多的权力。公元前770年，这个国家一度分裂成了两百多个小国家，这个时代被称为春秋时期，它的名字来自一部经典的编年体史书——《春秋》。

一种带有网格图案的坚硬陶罐，可追溯到东周时期

战国

到公元前475年，东周的小国已经合并成了少数几个主要诸侯国，彼此争夺霸权。这一时期的东周被称为战国时期，得名于另一本古书——《战国策》。战国时期尔虞我诈，是一个混乱而暴力的时代。顾名思义，战争司空见惯，腐败、贿赂、虚假外交和间谍活动也随处可见。

慢慢地，秦国开始战胜它的对手，在公元前256年占领了周都洛阳，并且最终在公元前221年将各个诸侯国合并，建立了中国第一个中央集权国家。

混沌之中的革故鼎新

令人不可思议的是，东周动荡的岁月形成了中国历史上极具创造力和影响力的一个时代。这一时期首次提出的一些观点成为中国文化和国家治理的永久基石，甚至波及更远的地方，影响到整个东亚社会。

从公元前6世纪到前221年，由于诸多理论学说应运而生，这些学派被统称为"诸子百家"。

《孙子兵法》一书是世界上现存最早的军事著作。其作者孙武，又被尊为"兵圣"，在春秋时期效力于齐国和吴国。哲学家孔子生活在春秋时期。社会的无序深深触动了他，让他坚信曾经有一个"黄金时代"，一个理想化的完美历史时期，可以通过"恰如其分的"行为和仪式来效仿。

孟子、荀子等其他儒学思想家活跃于战国时期，而道家学派创始人老子的学说兴盛于春秋时期。老子所著的《道德经》，被誉为开创性的道家读本，另一位重要的道家圣贤庄子（Zhuangzi,

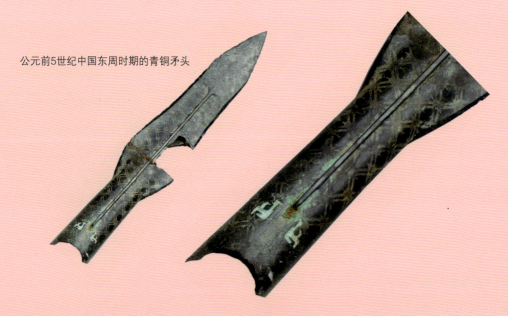

公元前5世纪中国东周时期的青铜矛头

汉墓竹简《孙子兵法》

中国"兵圣"孙武

Chuang Tse）的思想在战国时期被人所熟知。

战国时期还有一种影响深远的思想体系：法家学派。孔子呼唤一个公正的统治者，商鞅、李斯等法家学派的代表期待一个严酷的统治者。法家学派将其着眼点放在通过强势领导者建立起一个坚不可摧的国家。他们的政治观念被秦国所采纳，在公元前221年秦国完成了统一大业。

商鞅

大卫王

当犹太英雄大卫（David）还是一个只身带着弹弓的牧童时，就杀死了9英尺高（2.7米），身披青铜盔甲的非利士人（Philistines）勇士歌利亚（Goliath）。扫罗就立大卫做了指挥官，这个年轻人与扫罗的儿子约拿单（Jonathan）结为密友。扫罗嫉妒大卫的声望和成就，并试图杀死他。当扫罗和约拿单在与非利士人的战斗中阵亡的时候，大卫哭号哀歌："英雄何竟仆倒，战具何竟灭没！"

大卫在23岁时被任命为希伯仑的国王，开启了以色列人的黄金时代。作为一个勇士之王，他从耶布斯

大卫和他英勇的战士

所罗门（Solomon）的智慧

所罗门的名字意味着"和平"，他主要通过和平外交，以贸易和通婚缔结联盟来扩展他的国家。他足够强大以至于能够与埃及和亚述帝国平等相处。

国富民强，所罗门也很快获得了"智慧"的名声。为了以防万一，他做好了战争的准备，加强了边境城市的防御，修建了耶路撒冷的防御工事，并让一支战车部队随时待命。他以主持正义而闻名，据说他写了3000条谚语和1005首歌曲。他声名远扬，以至于南方一千英里之外的示巴王后（Queen of Sheba）特意远道而来，到耶路撒冷向他求教。

然而，为了给他奢华的王国买单，

最早的圣殿

为了在耶路撒冷安置约柜（Ark of the Covenant），所罗门建造了第一座圣殿，这座圣殿很快成为以色列人宗教和民族生活的中心。建造这座圣殿花了七年时间，动用了二十万以色列人和外国工人。他们所使用的材料包括石头、木材、铁、青铜、黄金和白银，成吨的黄金被用来为内壁加设护板。内部天花板长180英尺（54.9米），宽90英尺（27.5米），高50英尺（15.3米）。所罗门为了从推罗王那里买到足量的香柏木，不得不把加利利地区的二十座城给了他。

约前1000 大卫成为犹太国王。
前961 大卫的儿子所罗门成为犹太国王。
前924 犹太部落分为北部以色列王国和南部犹太王国。
前538 居鲁士大帝有权将被放逐的犹太人返回犹太。犹太人返回耶路撒冷并建造了第二座圣殿。

人（Jebusites）手中夺取了耶路撒冷（Jerusalem），使其成为他的新都城，并继续战斗，直到他控制了约旦河两岸并延伸到地中海，又到了埃及、红海的边界和幼发拉底河。

大卫将十二个支派联合起来，把约柜运到耶路撒冷，计划建一座圣殿来容纳它。在此之前，约柜一直在城市间流转。作为一名诗人兼战士，人们认为大卫可能写过《圣经》中的诗篇。

然而，大卫爱上一个已婚女人拔示巴（Bathsheba）。他安排她的丈夫乌利亚（Uriah）上前线，在那里，乌利亚被当场击毙，也正在此时，大卫的精神成长接近了尾声。拔示巴自由了，她可以嫁给大卫。大卫答应她，他们的儿子所罗门将继承他的王位。

大卫的其他儿子强烈反对这个决定。从那时起，他的家庭因叛乱、强奸和谋杀而四分五裂。大卫可能在公元前1000—前961年统治了这个国家。

所罗门提高了税金并引入了应征劳工。在他死后，对他心怀芥蒂的十个北方部落脱离了大卫王朝（Davidic dynasty），以色列联合王国便就此终结。北方成为以色列王国，南方成为众所周知的犹太王国。

所罗门的审判
（Judgement of Solomon）

所罗门最著名的案例是一个婴儿被两个不同的女人认领。所罗门下令将一把剑带到法庭，然后让一名士兵把孩子砍成两半，给每个女人一半。一个女人立刻恳求国王不要伤害孩子，并说她宁愿让另一个女人拥有整个孩子。所罗门立刻断定她一定是真正的母亲。

以色列失落部族（Lost Tribes of Israel）

公元前924年左右，以色列和犹太分裂成多个王国。在将近200年后，亚述在提革拉毗列色三世（普勒）的统治下崛起，开始要求这个地区的各个国家进贡。公元前722年，以色列北部王国反抗亚述人，但被亚述国王撒缦以色五世（Shalmaneser V）镇压下来，整个民族被流放，北方的十个部落便从历史上消失，成了以色列失落部族。几个世纪以来，印度、加纳、南非和埃塞俄比亚等不同国家的人民都声称自己是其中某个失落部落的后裔。更荒诞的说法是，美国原住民和日本人也是失落部族的后代。

随着以色列人的流亡，只剩下南部的犹太王国，犹太和便雅悯部族在耶路撒冷居住，由大卫和所罗门的后裔统治了400年。后来的罗马人称他们为犹太人，或朱迪亚人，他们的名字最终被简称为"犹太人"，他们的宗教也被称为犹太教。

外来控制

公元前701年，犹太拒绝向亚述进贡。在西拿基立（Sennacherib，公元前704—前681年在位）的统治下，亚述人入侵并摧毁了犹太北部的拉吉城（Lachish），包围了耶路撒冷。犹太付了赎金来拯救这座城市，并且再次承认了亚述的主权。

经过了将近100年，在亚述落入巴比伦人之手以后，埃及扩张以填补权力真空，法老尼可二世（Necho II）开赴叙利亚北部的迦基米施（Carchemish）与巴比伦人交战。公元前909年，他的军队经过犹太，在美吉多战役（Battle of Megiddo）中遭到犹太国王约西亚（Josiah, King of Judah）的反对。最后，约西亚被杀，埃及作为一个附庸国控制了犹太。

巴比伦之囚

公元前605年，巴比伦迦勒底王朝（Chaldean dynasty）最伟大的国王尼布甲尼撒二世（Nebuchadrezzar II）继承了巴比伦的王位。次年，他在西部发动了战争，征服了犹太，而且据说还带着几个有前途的年轻人，其中包括一个名叫但以理（Daniel）的人，回到了巴比伦。

犹太一次又一次地反叛，最终在公元前586年，尼布甲尼撒忍无可忍，粉碎了他们最后的反抗，摧毁

了耶路撒冷的圣殿，并将城内所有的人驱逐到了巴比伦。这是《圣经》或第一圣殿时期历史的终结以及犹太人散居的开始。

返回耶路撒冷

公元前538年，波斯皇帝居鲁士大帝（Cyrus the Great）征服了巴比伦并控制了它所有的领土，他允许犹太流亡者返回家园，只要他们承认他统揽全局的权威。大约五万名犹太人返回了耶路撒冷，并在那里建造了第二座圣殿，但仍有大量犹太人留在了巴比伦。

巴比伦王尼布甲尼撒围困耶路撒冷

尼布甲尼撒二世在巴比伦空中花园，这个花园是古代世界七大奇迹之一

但以理的传说

但以理（Daniel）可能只是一个传奇人物。依据传说，他被囚禁在巴比伦期间就开始释梦。公元前562—前539年，当巴比伦的新统治者伯沙撒（Belshezzar）举行宴会时，突然出现一只手，在墙上写下"弥尼，弥尼，提客勒，乌法珥新"。没有人能解释这一点，直到王后派人去找但以理。他把写在墙上的文字解释为伯沙撒被上帝发现不够尽善尽美，而且他的帝国将被米底人（Medians）和波斯人所取代。第二天，人们发现伯沙撒死了，继而波斯帝国接管了这个地区。

妒贤嫉能的朝臣们随后密谋背叛但以理，并哄骗欣赏和尊敬但以理的皇帝

但以理在狮子洞里

判处他死刑。皇帝期待有奇迹发生，就把但以理放进了狮子的洞穴，正如他所希望的那样，上帝派了一个天使来封住狮子的嘴。

黎凡特腓尼基人（Phoenicians，居于黎巴嫩以及叙利亚和以色列的部分地区的人）因两件事而闻名：第一他们是伟大的海上商人，第二他们是引入了现代西方字母表的先驱。

在公元前1550—前300年，他们的船只从泰尔（Tyre）、西顿（Sidon）和比布鲁斯（Byblos）等城邦出发，漫游在地中海，经营香柏木、松木、金属制品、玻璃、葡萄酒、盐和鱼干，最重要的是，他们还经营自己的泰尔紫

腓尼基人探索非洲

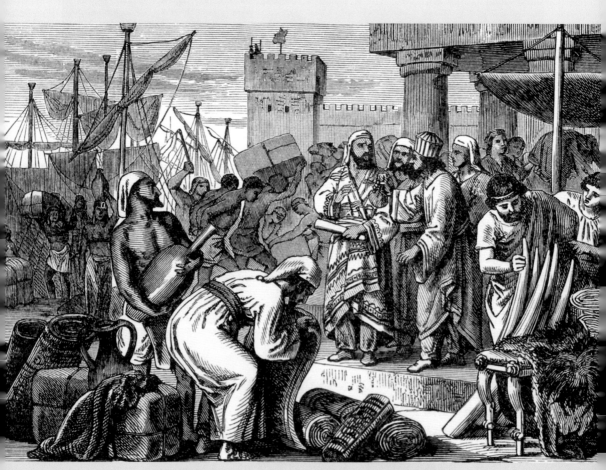

在古代，腓尼基（今天的黎巴嫩）作为一个贸易往来之地而闻名于整个地中海地区

（Tyrian purple）染料。它是用海蜗牛做的，价格不菲，只有富有的希腊人才买得起，被称为"皇家紫"。"腓尼基"这个名字就源自希腊语中紫色的意思。

他们建造精良的木船是单桅的，而且他们的战舰在船头装备了一个撞锤。腓尼基人在北非建立了迦太基城（Carthage），并可能为了寻找锡而航行到英国。

大约在公元前1050年，他们开始使

约前1200—前800 集中在黎凡特区域内的腓尼基沿海城邦达到全盛时期。

约前1050 腓尼基字母表得到发展，它是现代西方字母表的始祖。

用一种简单的、含有22个字母的字母表。这些字母源于埃及象形文字，并且被他们的贸易伙伴广泛采用。它们是希腊和阿拉米字母的原型，因此也是从它们派生而来的罗马和阿拉伯字母的祖先。

在古代腓尼基，人们正在制造"泰尔紫"

大约从公元前911年开始，亚述王国开始反击在阿拉米的定居者，并重新夺回了过去一百多年里失去的所有领土。到公元前884年，亚述再次统治了美索不达米亚北部的所有地区，接着在几个好战的国王的统治下，亚述逐渐成为一个富饶、令人退避三舍的帝国。

亚述纳西拔二世（Ashurnasirpal II，前883—前859）曾在亚美尼亚南部和叙利亚发动军事行动，他留下了刺死、剥皮或斩首敌人的记录。在他的统治下，亚述人开始战斗，不仅是为了夺回他们认为属于自己国家的领土，也是为了赢得威望和战利品。

亚述纳西拔二世继承了其前辈们的伟大建筑工程，修复了尼姆鲁德（Nimrud），并将其作为自己的都城。

在那里，他的宫殿有数百块带有绘画或浮雕的石灰岩石板，占地26.9万平方英尺（2.5万平方米）。他曾自豪地说，当时有69574名客人出席了宫殿的开幕仪式。

提革拉毗列色三世

经过一段短暂的动荡时期，强大的国王提革拉毗列色三世（前745—前727年在位）掌权。他将领土扩张到了叙利亚南部、以色列的部分地区以及扎格罗斯山脉，并从几个渴望不被入侵的小国那里获得了贡品。

他进行了许多改革，主要改革之一是施行了一种更具帝王色彩的统治手段——任命总督管理各地，而不是让地方诸侯独自管理。他在重点城市和地区留下驻军，改革了税收制度，并且完善了皇家信使系统。他命令亚述人修好了道路，这样他们的军队就可以轻松前行了。他还将规模庞大的臣民驱逐出境。

西拿基立（Sennacherib）

从公元前705（或前704）至前681年，国王西拿基立在位期间也显示出强大野心。他袭击了伊朗西部、叙利亚和巴勒斯坦，并向埃兰人吹嘘："我要像对待绵羊那样砍断他们的喉咙。……我那训练有素、奔腾欢脱的骏马纵身跃进涌动的血液里，就像扎进一条河里一样；我战车的轮子上溅满了鲜血和污秽；我用他们战士的尸体填满了平原……"

对于他而言，巴比伦可谓最难攻取之地。在那里，阿拉米和迦勒底部落的势力扰乱了亚述人的安全贸易路线。尽管巴比伦一直颇受亚述人尊重，但是当这座城市一意孤行地拒绝接受亚述人的统治时，西拿基立就在公元前689年将其摧毁。他洗劫了寺庙，淹没了这座城

尼姆鲁德

前911—前605 亚述重申其自身为新亚述帝国。

前883—前859 亚述纳西拔二世统治亚述。他迁都尼姆鲁德，并在那里建造了一座巨大的宫殿。

前9世纪 也许是第一座建在亚述金字形神塔上的天文台，它是建在卡拉奇（Kalakh）的尼努尔塔（Ninurta）神庙上的。

前811—前806 亚述唯一的女性统治者萨穆-拉玛特［Sammu-ramat），或称为塞米勒米斯（Semiramis）］，以摄政者的身份统治了五年。

前705（或前704）—前681 亚述王西拿基立执政统治。

约前700 嗜血残暴的亚述军队阵容强大，大约有20万人。

前689 亚述的西拿基立摧毁了巴比伦城。

前681 西拿基立被他的儿子暗杀。

前668—前627 亚述巴尼拔在任。他在尼尼微创建了现存最古老的皇家图书馆。

前659 在图利兹战役中，亚述人击败了埃兰。

约前650 玻璃制品的第一份说明书是用亚述语写的。

前647 亚述国王亚述巴尼拔洗劫了苏萨的埃兰都城，摧毁了整个王国。

前627 亚述巴尼拔去世。他的臣子们通过内战削弱了帝国。

前612 随着巴比伦的迦勒底王朝和伊朗的米底人占领了最后一座亚述城市尼尼微，亚述帝国日渐衰落。

约前605 幼发拉底河上的迦基米施战役：新亚述人的最后阵地。新亚述人与他们的埃及盟友试图反击新巴比伦人，但是被击退了。

市，使全城几乎没有一处可以安家落户。许多亚述人对这种亵渎大为震惊，所以当西拿基立被暗杀的时候，有些人认为这是神对他的报复。

公元前701年，西拿基立将尼尼微定为都城，在那里建造了一座巨大的宫殿，宫殿的浮雕上不仅展现了战争场面，还有建筑物的场景。为了给这座城市引入一条运河，他用大约两百万块石灰石，以水泥密封，建造了一座高架渠。

从公元前680年至前669年，在以撒哈顿（Esarhaddon）的统治下，亚述帝国征服了埃及，并达到了它的鼎盛时期。最后一位伟大的国王是他的继任者亚述巴尼拔，然而在他死后不久，帝国很快就落入了一个由米底人和迦勒底巴比伦人组成的联盟手中。

西拿基立坐在拉吉（Lakhisha）城前的宝座上

亚述战争机器

起初，亚述军队是征兵制，每个人都必须服兵役一年，但农民居多。早期的亚述军队只能在夏天作战，因为在其他季节，男人必须加入耕种或收割的行列。提革拉毗列色三世带领着大量被征服的人民全年待命，创建了一支常备军。从那时起，几乎每年春季，亚述军队都会集结起来开赴战场，去恐吓一个日渐庞大地区的部落和小国。

在亚述纳西拔二世（Ashurnasirpal II）统治时期，战车的角色发生了变化。以前，战车是轻型的，套在一两匹马上，可以作为弓箭手或将军的射击平台，以获得战斗的概况。亚述人发明了最多可载四个人的重型四马战车，用来打破敌人的阵形以及驱散士兵。

骑兵部队也随着时间而发生着改变。起初，两个人骑在马上，一个人控

重建的通往亚述城市尼尼微的入口，靠近今天伊拉克北部的摩苏尔

从尼尼微的西拿基立宫殿的墙壁浮雕上可以看到亚述士兵在战斗中挥舞着长矛和盾牌

制马，另一个人是弓箭手。之后，枪骑兵独自骑着马，用一只手控制马。

公元前703年，西拿基立将20.8万人驱逐出巴比伦，除了驱逐出境，亚述人有时也会在敌人的土地上撒盐以破坏他们的资源。

最糟糕的待遇是留给叛乱分子的，他们可能会受到最残酷的惩罚，正如墙上的雕刻和石碑所显示的那样。迅速死亡是仁慈的。亚述纳西拔二世曾这样记录一场叛乱的结束："我从他们那里烧死了许多俘虏。我活捉了许多兵丁：我砍下其中一些人的膀臂和双手；我割下了他们一些人的鼻子、耳朵和四肢；我挖出了许多士兵的眼睛；我烧死了他们正值青春期的少男少女。"

面对这样的威胁，许多人提议进贡，以避免引起亚述军队的注意。

亚述纳西拔二世和他的一些战俘，他是亚述残暴的国王之一

在公元前668—前627年统治新亚述的亚述巴尼拔（Assurbanipal或Asurbanipal，《圣经》中称为"Asenappar"）是亚述帝国最后一个伟大的国王。虽然战争是他统治时期的常态，但他并没有一直带领他的军队投入战斗。相反，在别人的印象里他腰间经常别着一支手写笔，这表明了他的一大爱好——书。除了宫殿里华丽的雕刻，亚述巴尼拔还为后世留下了世界上最早的皇家图书馆——尼尼微的亚述巴尼拔图书馆（Library of Ashurbanipal）。

亚述王

如同许多亚述统治者一样，亚述巴尼拔书写了自传体编年史，连同大量的王室书信一起，提供了许多关于他生活的细节。

亚述巴尼拔是以撒哈顿国王的小儿子，也是强势的西拿基立国王的孙子。在公元前672年，亚述巴尼拔被任命为继承人，而他的哥哥沙马什·舒姆·乌金（Shamash–shum–ukin）只被赋予了巴比伦王国的统治权，这使得他从属于亚述巴尼拔。沙马什·舒姆·乌金显然对被人夺走的亚述王位心生怨恨，所以经常给亚述巴尼拔制造麻烦。当时王朝斗争司空见惯：西拿基立的几个儿子密谋反对他，并在尼尼微的一座皇家宫殿里刺杀了他，全因他任命了小儿子以撒哈

太后纳兹亚萨库都和国王亚述巴尼拔在皇家花园里与反叛的贵族对峙

顿为王储。

亚述巴尼拔本人声称，他被选为王位继承人全靠他的勇气和智慧。作为第三个儿子（最大的哥哥英年早逝），他没有想到某天会成为国王，所以他求教于缮写员和牧师，以此来满足自己对文学和历史的兴趣。他是少数几个掌握读写技能的亚述国王之一，不仅会苏美尔语，还会阿卡德语和阿拉米语，而且他对大型建筑项目也有着浓厚的兴趣。从他的记录里可以得知，他也曾学过数学和占卜。

作为一名王子，亚述巴尼拔接受了治国之道、行政管理、马术、狩猎和武器技能的训练。当他的父亲外出执行军事行动或外交任务时，他还被赋予了在法庭上的职责，参与控制北部山区部落，监督公共工程，并且管理皇家间谍网络。当以撒哈顿于公元前669年12月去世时，亚述巴尼拔顺利地掌权，并宣布："我是亚述王亚述巴尼拔，世界之王。"

不过，他确实得到了一些家族的援助。在以撒哈顿去世之前，他与波斯、米狄亚（Medean）和帕提亚的封臣签订了条约，以确保他们会接受亚述巴尼拔，而以撒哈顿的皇后纳兹亚萨库都（Naqi'a-Zakutu）则在法庭上利用她的影响力来确保皇室和权臣的忠诚。

亚述的缮写者们

亚述巴尼拔的主要活动

· 镇压了埃及的两次起义，洗劫了底比斯（Thebes）
· 将库希特人（Kushites）赶出埃及
· 围攻腓尼基城邦泰尔，这座城曾支持埃及和吕底亚（Lydia）的起义，并重新赢得了叙利亚和小亚细亚统治者的效忠
· 击退来自北高加索的辛梅里安入侵者
· 阻碍阿拉伯部落的发展
· 公元前648年，围攻并征服巴比伦
· 公元前647年，摧毁了埃兰，洗劫了苏萨

尼尼微宫殿的墙壁浮雕展现出了一场军事行动之中的亚述巴尼拔

勇士之王

亚述巴尼拔继承了伟大的新亚述帝国，而且在他统治期间，帝国版图进一步扩张，成为当时世界上最大的政治体系，从伊朗中部延伸到了地中海东部和塞浦路斯，从小亚细亚的西里西亚扩展到了阿拉伯半岛（Arabia）。在他统治的那段时间里，甚至控制了埃及。他的首都尼尼微成为当时世界上最伟大的城市。

几乎从他登基的那一刻起，亚述巴尼拔就开始了镇压起义和扩张帝国的行动。亚述人的传统是将战败地区的人民，特别是他们的领袖，从他们的家园驱赶到帝国的其他地方。虽然像大多数亚述统治者一样，亚述巴尼拔对他的军事敌人残酷无情，但他通常不去理会平民百姓，并且经常任命当地的王侯来统治沦陷的土地。国家由亚述的守备部队维持秩序，只要当地的统治者忠于他（并向他进贡），他就能轻而易举地统治该地区。

尽管如此，他对待叛乱者的态度仍

猎狮

　　亚述巴尼拔的宫殿里有许多浮雕，描绘的是国王猎杀狮子的情景。他自吹自擂："我曾用一支箭刺穿了许多愤怒的狮子的喉咙。"在其中一幅雕刻品上还描绘了他赤手空拳勒死了一头狮子。

　　不管这个图像是否真实，皇家猎狮的意义远远大过一项运动或娱乐。取而代之的是，它象征着国王如何保护他的人民免受危险。因此，亚述巴尼拔通过华丽的艺术来美化他的狩猎，不仅是在炫耀，还在展示他自己如何保护这个王国。

　　尼尼微的许多浮雕和雕塑既显示出亚述巴尼拔的功成名就，也代表了古代西亚的艺术高峰。

亚述巴尼拔宫殿的浮雕上呈现出了他正赤手空拳击退一头狮子

然是严厉的，他还得意扬扬地写下了斩首、肢解以及活活烧死俘虏的残酷行径。他记录了一些长期惹麻烦的埃兰皇室成员："我杀了他们。我当着他们彼此的面将他们的头砍了下来。"在他的宫殿里还有一幅迷人的墙壁浮雕，画中亚述巴尼拔和他的妻子亚述-舒尔阿特（Ashur-shurrat）在花园里喝酒，但是挂在树上的是埃兰国王的头。

　　后来亚述巴尼拔接着记录道："我彻底摧毁了埃兰的圣殿……又毁灭了埃兰的其他地域。"

　　不过，至少有一次亚述巴尼拔没有动用亚述军队的力量去惩罚或警告那些潜在的麻烦制造者。小亚细亚的吕底亚人受到来自北高加索的辛梅里安人（Cimmerian）的入侵，他们请求亚述巴尼拔的援助，但由于吕底亚人的雇佣兵曾经援助埃及起义，他拒绝了。吕底亚国王被侵略者杀死，他的儿子立即重新开始效忠于亚述巴尼拔，以换取军事援助。

巴比伦战役

在长达16年的时间里，亚述巴尼拔和他的兄弟——以有限的权力统治巴比伦的沙马什·舒姆·乌金，保持着和平关系。亚述巴尼拔在帝国南部的一些军事行动也有可能是为了保护他的兄弟。然而无论出于何种原因，沙马什·舒姆·乌金对现状表示出了种种不满，并试图联合帝国外围的人——埃及、犹太、吕底亚、腓尼基（Phoenicia）、埃兰以及来自阿拉伯和迦勒底（Chaldea）的部落共同发动一场叛乱。

在公元前652年，沙马什·舒姆·乌金奋起反抗他的兄弟，但尽管他确实得到了一些援助，一场大规模的叛乱却未能成形。亚述巴尼拔围困了巴比伦城，阻碍了他的兄弟获得更多的支持，让百姓忍饥挨饿。公元前648年，这座城市沦陷了。据传说，沙马什·舒姆·乌金在他的宫殿里葬身火海。

无论是巴比伦人、埃兰人还是阿拉伯人，亚述巴尼拔都严厉地对待叛军。然而，他并没有摧毁巴比伦，而是着手重建它，并任命一位迦勒底总督来取代他兄弟的位置。

巴比伦战役以及对埃兰人惩罚性的远征是亚述巴尼拔统治后期的主要行动。虽然埃及摆脱了亚述人的统治，但他并没有试图重新夺回这个国家。事实上，在他统治的最后几年里，整个亚述帝国始终处于和平状态。

帝国的衰落

尽管经常发生战争，新亚述帝国在亚述巴尼拔的统治下却始终繁荣昌盛，如果对他的邻居如埃兰人和巴比伦人避而不谈，那么他还算是一个才华横溢的管理者，同样也是深受民众爱戴的国王。在他统治的第一年，出现了前所未有的丰收。那个时候，人们认为这样的慷慨是上帝送来的一份厚礼，上帝对亚述巴尼拔偏爱有加。

然而从公元前631年起，人们对他的了解就很少了，只知道他统治的最后几年帝国是风平浪静的。对于亚述巴尼拔的儿子们，我们只知道他们在他死后大约公元前627年继承了他的王位，他们似乎通过内战削弱了帝国的实力，而其他的内容我们几乎一无所知。

由于帝国变得如此庞大，政府和军队扩张过度，外部压力也就随之而来。无论出于何种原因，在亚述巴尼拔死后不到二十年，亚述就崩溃了，而它的最后一座城市尼尼微被来自伊朗米底（Medes）和巴比伦迦勒底王朝的联盟摧毁了。亚述巴尼拔并非最后一个亚述国王，但他确实是最后一个伟大的国王。

皇家图书馆

　　早在公元前2600年，人们就开始收集苏美尔圣殿的档案，有关商业和政府的记录都被保存在了美索不达米亚的不同遗址中。

　　在大约公元前1900年的尼普尔和大约公元前700年的尼尼微可能分别建有图书馆。位于尼尼微的亚述巴尼拔皇家图书馆，是世界上公认第一个为了方便检索而试图将各种文本系统化收集、编目以及存储的图书馆。

　　亚述巴尼拔笃信宗教，相信预兆，这些特质是他图书馆藏书的灵感来源之一，因为他收藏的大部分属于"预兆文本"——关于预测占卜、占星术以及仪式的作品。不过，图书馆里也有医学和数学著作，咒语、祈祷文和宗教文献、各种语言的词典、信件、关于政府和社会管理笔记、谚语、创作故事、民间故事以及诸如《吉尔伽美什史诗》这样的文学作品。

　　另一个重要的文本即是大洪水记录板，讲述了只能从《圣经》中得知的大洪水的故事。

　　亚述巴尼拔在他的主要城市尽其所能收集到了所有圣殿的档案，并派遣缮写员到各地抄写他们能找到的每一份文本。他是一个真正的书迷：只要有条件，他就会制作副本，而且图书馆里的许多楔形泥板上都有他的印记。

　　公元前612年，当尼尼微被米底人和巴比伦人摧毁时，皇家宫殿被夷为平地。虽然亚述巴尼拔的大部分藏书毁于一旦，但令人难以置信的是，超过两万份文本碎片幸存下来，这些文本为人们了解亚述的宗教、管理和文学提供了独特的视角。

位于尼尼微的亚述巴尼拔皇家图书馆

83

迪尔蒙（Dilmun）：花园天堂

在苏美尔史诗《吉尔伽美什》以及其他版本的苏美尔创世故事中描述的花园天堂，是波斯湾的迪尔蒙贸易枢纽，可能囊括了今天的巴林（Bahrain）、科威特、卡塔尔（Qatar）和沙特阿拉伯的东部。

在苏美尔关于恩基（Enki）和宁胡尔萨格（Ninhursag）的故事中，恩基许诺说："我要为迪尔蒙，我的女神心中的土地，创造出一条长长的水道，借此水流来解渴，给所有的生命带来富足。"

迪尔蒙地理位置优越，毗邻大海和淡水泉（现已干涸）。那时的迪尔蒙气候宜人，比如今潮湿得多，是一片肥沃的土地，可以生产可供交易的农业产品。在大约公元前3000—前1800年的鼎盛时期，王国还控制着海湾地区的远程海上贸易。

来自海湾的珍珠，来自阿曼的铜、锡、沥青、羊毛和来自美索不达米亚的橄榄油，以及来自印度河流域的棉花，都途经迪尔蒙，在美索不达米亚的很多城市中都发现了迪尔蒙的交易印章。与

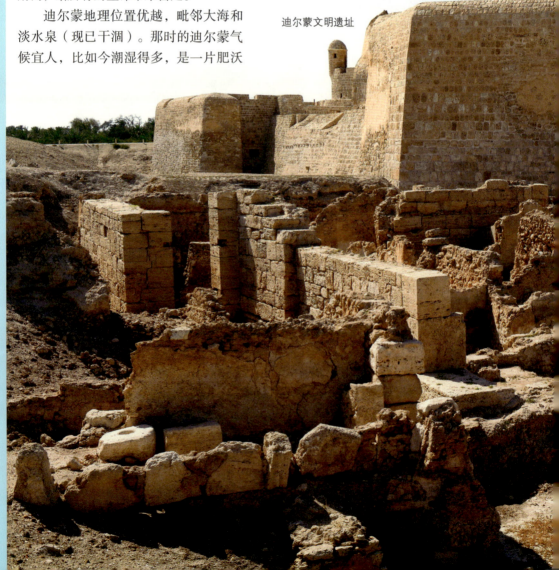

迪尔蒙文明遗址

印度河流域城市的联系显然变得极其重要，因为迪尔蒙与其使用的度量衡标准一致，但与其他贸易伙伴使用的度量衡却大相径庭。

很久以后，从公元3世纪开始，这个贸易网络延伸到了中国和地中海。

公元前1250年的亚述铭文记载了来自迪尔蒙的贡品，并声称拥有着该地区

的统治权。

在公元前707—前681年，亚述国王西拿基立袭击了阿拉伯东北部，并宣称对该地区拥有统治权，公元前567年的新巴比伦记录也声称对迪尔蒙拥有名义上的主权。

塞巴人（Sabaeans）

塞巴人讲一种古老的南阿拉伯语，他们生活在今天阿拉伯半岛西南部的也门（Yemen），公元前2000年—前8世纪，这里蓬勃发展。塞巴（Saba）的经济发展以出口珍贵的乳香和没药（芳香液状树脂，用于制香水等）为基础，控制着红海的贸易，并且有着强大的影响力。一些历史学家认为塞巴是《圣经》中的示巴王国。塞巴与其他王国如希米亚（Himyar）、阿斯旺（Awsan）以及卡塔班（Qataban）展开了贸易竞争，包括海上贸易。他们经营的陆路商队用骆驼驮着货物，从香料产区出发，沿着商路穿过阿拉伯，通往非洲东北部和黎凡特。

大约公元280年，希米亚帝国（Himyaran Empire）征服了塞巴人，直到公元525年这里一直是阿拉伯的主要国家。除了香料，他们进口的商品还包括象牙、珍贵的木材，甚至从东非进口的奇异羽毛，然后再用船运到罗马世界。

从公元前1800年左右开始，由于波斯湾的海盗活动猖獗，迪尔蒙的商业影响力远不如往昔。在公元前538年巴比伦陷落之后，迪尔蒙这个名字就在历史上荡然无存了。

巴林被认为是波斯阿契美尼德王朝（Achaemenian Empire）的一部分，富饶的岛屿以及他们的珍珠贸易引起了波斯人的征服者亚历山大大帝（Alexander the Great）的极大兴趣。他深谋远虑，准备

一幅描绘迪尔蒙时代巴林地区的画

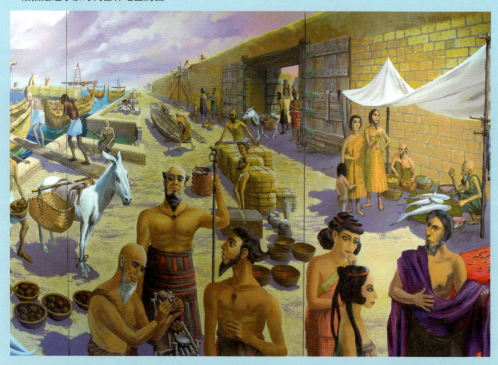

迪尔蒙时代的展品在巴林王国卡拉赫的巴林堡博物馆展出

在那里安置大量的希腊殖民者，尽管从未达到他预想的规模，然而这个被希腊人称为泰勒斯（Tylos）的地区，成了更为广阔的希腊化世界的一部分。泰勒斯这个名字可能是闪米特语提尔蒙（来自迪尔蒙）的希腊化。

以东（Edom）或以土买（Idumea）

公元前586年，犹太人被囚禁在巴比伦之后，约旦的以东人（Edomites）占领了犹太的沃土。这些在亚述人的记录和《圣经》中被屡次提及。

内盖夫沙漠中的阿夫达特废墟

西亚｜美索不达米亚艺术

　　从小雕像、印章到大型石碑，从珠宝到陶器，美索不达米亚文明被各种形式华丽且复杂的艺术装点着。

浮雕在美索不达米亚的一些大宫殿里很常见

乌鲁克祭祀瓶

　　美索不达米亚最古老的雕刻礼瓶是乌鲁克祭祀瓶，可以追溯到公元前3100年左右。它有近4英尺（1米）高，瓶身繁多复杂的雕纹显示出对女神伊南娜的崇拜。

　　乌鲁克祭祀瓶是一个雕刻的雪花石膏石制器皿，发现于伊拉克南部古城乌鲁克废墟苏美尔女神伊南娜的神庙建筑群中

苏美尔石墙浮雕

公元前2005—前1595年的一块石头，刻的是苏美尔王表，用楔形文字写在石头的四面，每面各有两栏

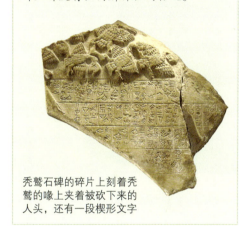
苏美尔的主要材料是黏土，其早期艺术大多是宗教性的，意在为圣殿庙宇服务。石雕或雪花石膏器皿、宗教石碑或石板以及献祭品是早期常见的艺术形式，不同颜色的泥锥图案被用作装饰圣殿的马赛克。

苏美尔艺术经常探索自然世界或人与神之间的关系。虽然动物和植物也是常见的主题，但有时它们也被用来表现神灵或宗教主题。

从早期时代起，尽管黏土柱形印章的尺寸很小，但制作非常精细。苏美尔艺术的独特之处还在于雕像瞪大眼睛凝视，双手合十，以表示崇拜或祈祷。男人留着长发和胡须，而女人则留着卷发。长百褶裙是很常见的服饰。

乌尔王陵

乌尔王陵出土了一些精雕细琢的物品，如乐器、武器、珠宝、画板和雕像。所用材料包括金、银、大理石、青金石、象牙和贝壳，许多都是进口的。

无头女王

埃兰女王纳皮拉苏（Napirasu, Queen of Elam）的无头雕像是那个时代非凡的艺术作品之一。这个锥形雕像可以追溯到公元前1300年左右，是用失蜡法在青铜核上浇铸了一层铜皮而成的，两个部分用钉和夹板固定在一起。最初，两边还覆盖着黄金或白银。

照片中，女王伫立着，双手交叉放在身前。这不是通常敬拜的姿势，被认为可能是生育能力的标志。她身着一件刺绣短袖长袍，一条流苏披肩，戴着几件首饰。这些精致的细节减轻了一件巨大作品原本的重量——这座雕像和真人一样大，重达两吨，其使用的金属量显示出了她的王国是多么的富有。

在纳皮拉苏裙子的正面有一段埃兰文字，上面刻着女王的名字和头衔，还有一段祷文，上面写着将雕像置于四位神灵的保护之下，并要求他们诅咒企图盗窃或亵渎雕像的人：

"那个想要夺走我的雕像，要打碎它，要毁坏它的铭文，要抹去我的名字的人，愿他被众神的诅咒所打击，他的名字将会消失，他的后代将会不育。……这是纳皮拉苏的祭品。"

纳皮拉苏女王的无头雕像

纪念品

像今天一样，圣殿里也可以买到以宗教为主题的小型陶制饰板作为纪念品。这些纪念品可能是比其大得多的原作的复制品，比如在圣殿里展出的"伯尼浮雕"（Burney Relief）——裸体、长着翅膀、脚上有一只猛禽的女神。大约从公元前967年开始，亚述宫殿里经常有巨大的雕像——有人头、公牛或狮子的身体以及鸟的翅膀。这些被称为拉玛苏（lamassu）的神像被大众视为保护神，象征着权力，而且通常成对地站在

公元前2500年，乌尔皇家陵墓中麦斯卡拉姆杜格国王的黄金假发头盔

入口处或内院。那些微型复制品被埋在房子里用来驱邪。

图画故事

亚述人的另一种艺术形式是图画故事，即一系列在墙上或方形石柱上连续刻成的浮雕图画。从公元前879年开始，这些画最初是手绘出来的，可谓惟妙惟肖、巧夺天工。宫殿里的浮雕图画描绘了诸多皇家事件，如亚述巴尼拔的皇家猎狮，或某一场战役，有时还包括解释性的铭文。虽然人们非常注重准确自然地描绘动物，但是人物的形象却更加静态和程式化。巨大的浮雕也会被刻在岩石表面。

拉玛苏，也称人首翼牛像（winged bull）

战争艺术

美索不达米亚艺术除了表现宗教神话主题和自然场景之外，还经常展示战争的血腥和对俘虏的残暴，以证实这些做法是如此普遍和常见。

一尊浮雕展示了战俘重建拉吉市的情景

吠陀时代后期，人们向南迁移到恒河流域以及更远的地方。他们的新领地——以雅利安人（Aryas）的名字命名的雅利安邦（Ayarvarta），同时也向东扩张，而且在文献中发现，当时的许多氏族以他们的名字命名了地理区域，这些区域名字沿用至今。随后，在吠陀经典即将问世的时候，雅利安人覆盖了印度北部地区，从喜马拉雅山脉到印度中西部的温迪亚山脉（Vindhya mountain range）。到公元前400年，他们已经遍布整个印度。

然而，到公元前5世纪，区域认同开始取代氏族身份，最终形成国家，彼此争夺霸权，每个国家都旨在建立一个帝国。王位开始世袭，骰子游戏、牲畜掠夺和战车比赛——先前决定谁将成为首领的活动，变成了名义上的仪式。城镇陆续被建造起来，由巨大的泥砖壁垒保护着。

在这个阶段，大家公认王权是神授予的。祭祀和令人印象深刻的仪式凸显了国王的权威，官方等级制度也开始显现。

拉特尼（ratnins），或称"成就显赫之人"，是协助国王处理政务的人。他们包括：

· 部落领导人，既是文官又是军官
· 纳税官
· 战车御者

现代复制的库鲁王国仪式，有精心准备的器具和猎鹰形祭坛

- 赌局主管
- 财务管家
- 国王的狩猎同伴
- 侍臣
- 木匠
- 战车制造者

还有军事和宗教官员，如将军和牧师。

前800—前500 印度吠陀后期。种姓制度随着因果报应的概念而发展起来。
前600 吠陀的宗教注释《梵书》被编入了印度法典。

种姓制度

随着印度社会结构的僵化，种姓制度发展起来。

- 在社会金字塔的顶端是最有名望的祭司阶层婆罗门（Brahmins）。他们掌权的一部分原因是他们知道执行宗教仪式的所有细节，并且能够教授这些固定礼仪。他们受过高等教育，学识渊博。
- 在婆罗门之下是刹帝利，他们是武士贵族，掌握国家的政治和军事权力。
- 接下来是吠舍（Vaisyas），他们是农民和商人。国内外的贸易发展起来，出现了一批被称为"波尼"的商人。一种叫作克沙（riksha）的金条成为价值单位，行会和企业也相继成立。
- 吠舍之下，也就是社会的最底层，出现了很多被称为首陀罗（Shudras）的人，他们的工作基本上是为其他三个种姓人做苦力。

随着时间的推移，成千上万的亚类种姓随着人们工作的不同而发展起来，还有达利人（Dalits），他们是社会等级最低的"贱民"，甚至没有种姓。他们将得到最糟糕、最肮脏的工作，而且不允许与其他种姓的人交往。

来自雅利瓦尔塔或者雅利安平原以外的人被认为是不纯洁的野蛮人，当他们被征服时，自动被划分为首陀罗或贱民。

对吠陀时代种姓制度的刻画，最左边是劳动者，最右边是婆罗门

妇女地位

在吠陀时代后期，妇女失去了她们的特权，同首陀罗一样无法拥有财产。此外，她们还被剥夺了祭祀和阅读圣书的权利，也不能焚烧死者。一夫多妻制变得司空见惯，嫁妆和童婚习俗也随之发展起来，女儿变得不受欢迎了。

妇女失去了参加集会的权利，也不能参与政治。以前由妻子主持的许多宗教仪式变成了牧师的职责，而妇女则被降格为从属于家庭的温顺角色：挤牛奶、养牛、磨玉米和纺羊毛、为羊毛染色。

然而，学术界也有一些女性从事着教学和研究的工作，如加尔吉（Gargi）和麦特瑞伊（Maitreyi）。

在这个时期，种姓制度并不像后来的印度社会那样严苛。刹帝利（Kshatriyas）由于学识渊博可以成为婆罗门，比如刹帝利国王贾纳克（Janak）。婆罗门和刹帝利之间也存在着一些竞争，每个人都声称自己有着某些优势。在这个时候，不同种姓的人可以一起进餐和通婚（尽管身份更高的人会失去他们的地位）。

在吠陀时代后期，这种种姓制度成为世袭制，奠定了印度数千年的等级社会模式。

吠陀时代的妇女

圣牛

在吠陀时代后期，米饭成为主食，肉食减少。虽然牛奶和奶制品很受欢迎，但是奶牛被认为是神圣的，不能被宰杀。农业是人们的主要工作，但是拥有小块土地的农民被拥有整个村庄的地主所取代。大象、公牛和马匹被用来运送货物和拉车。

人们的房子是木制的，有很多房间。随着赌博和战车比赛的日益流行，戏剧和舞蹈成为印度文化的重要组成部分。

教育与学习

一个高度发达的教育体系在吠陀时代后期发展起来。当学生被古鲁（guru）或老师邀请，住在他的家里或修行之所时，将会举行一场特殊的成年礼。这种仪式在今天的印度社会仍然存在，成为入学时的必修课。古鲁传授知识给学生，学生们通过做各种家务来服侍古鲁，作为回报。神圣的《吠陀经》和《奥义书》、语法、语言、法律和算术都要一一学习，除了首陀罗之外，所有种姓的学生在学习结束时都要支付费用。

理想中古鲁给学生们授课的情景

时代的终结

语言、文化和政治上的变化标志着吠陀时代的结束，一股新的城市化浪潮席卷印度。印度-希腊王国建立在印度东北部、阿富汗伊斯兰共和国和今巴基斯坦的部分地区，之后印度教和佛教得到了发展。

吠陀时代的宗教被称为吠陀教（Vedism），是形成印度教的传统之一。我们可以从吠陀教和琐罗亚斯德教（Zoroastrianism）之间的一些相似之处看出，其他讲印欧语的人同样以早期吠陀宗教作为信仰，特别是早期伊朗人。

然而，印度最早的神圣文本《梨俱吠陀》中的很多神在别处都没有被发现，毫无疑问，它们有着鲜明的"印度文化"特色。据推测，这些都源于非印欧原住民的影响。

吠陀文学

吠陀经中的《梨俱吠陀》是在大约公元前800年的吠陀时代早期被创作出来的，另有三部则诞生于吠陀时代后期（Later Vedic Period）：关于音乐和圣歌的《娑摩吠陀》（*Sama Veda*）、关于祭祀仪式的《耶柔吠陀》（*Yajur Veda*），以及关于巫术咒语的《阿达瓦吠陀》（*Atharva Veda*）。《奥义书》（*Upanishads*）是《吠陀》的最后一部，意思是坐在古鲁旁边学习，这是吠陀时代发展起来的一种教育形式。塔克西拉（Taxila）、卡希（Kashi）和乌贾因（Ujjain）是当时一些重要的学术中心。

在此期间，婆罗门书对"四吠陀"的注释，连同史诗《罗摩衍那》和《摩诃婆罗多》一道被创作出来。

《梨俱吠陀》分为十卷，每卷都包含赞美诗、祈祷文和请愿书。其中讨论

来自《梨俱吠陀》的书页

梵文版《梨俱吠陀》

圣殿与仪式

在吠陀时代早期，仪式朴素简单，由户主执行，通常在户外完成以致敬自然的力量。之后，第一座圣殿落成，宗教仪式就移到了室内举行。它们变成了复杂而周密的仪式，包括重要的供奉，而且祭司阶层开始专注于在仪式中寻找神秘的意义。

结婚或分娩之类的成人仪式也被精心设计了，按照风俗习惯，要向祭司赠送如牲畜甚至黄金这样的礼物，祭司们也因此变得富有和强势。

人们相信，人类生来就欠上帝、欠祖先、欠低等生物、欠古圣先贤的债。这些债务是通过敬拜、学习吠陀经和执行某些仪式来偿还的。禁欲生活的概念也有了一定发展，成为在世间和往生获得成功的一种手段。苦行修道者开始隐居，放弃世俗生活，奉行独身主义，并且通过曲折的身体动作练习深度冥想。

的主要仪式是苏摩献祭，包括喝一杯可能是由蘑菇制成的致幻饮品，也有一些关于动物献祭的说法。它涵盖了婚姻和死亡的仪式，这些仪式与后来的印度教相同，但在这个时候，祭司并不是一个世袭阶级。

吠陀经是用梵语写成的，印度人认为，梵语可谓最完美无瑕的语言，是透露给有灵性的先知的一种语言。时至今日，吠陀经都是从吠陀宗教早期以口头方式流传下来的。

每一部吠陀经都附有婆罗门书，注释写于公元前900—前700年，最终编纂于公元前600年左右。它们包含了对仪式和神话的解释，特别是与祭祀有关的内容，即印度仪式古老悠久的渊源所在。

《森林书》（Aranyakas），大约成书于公元前700年。他们关注仪式的寓意，学生和隐士本应该在森林里学习。

《奥义书》在本质上是哲学性的，讨论宇宙和人类之间的联系。它们属于圣书《吠陀》的尾声，创作于公元前700—前500年之间，致力于寻求最高真理。然而婆罗门书（Brahmans）强调仪式，《奥义书》则聚焦于关于重生自由的神秘知识上。

从公元前5世纪开始，随着更多印度教作品的出现，吠陀文献有所减少。

因果报应（karma）

因果报应的概念是在吠陀后期发展起来的。这种观点认为，人死后会重生，并有机会从以前的错误中吸取教训，直到他们过上纯粹的生活，继而从轮回中获得自由。因此，一个人一生中的行为会影响到他在来生中的身份和地位。

诸神与女神

吠陀经赞美了一众诸神，其中许多都与自然现象有关，而其他一些则代表了抽象的特质。许多次要的神灵影响着大多数人的日常生活。根据后来的吠陀宗教，普拉贾帕提（Prajapati）或者称万物之主，被视为宇宙的创造者。据说他来自原始水域，有一个名叫维科（Vac）的女性伴侣，她是神圣的化身，帮助他创造了其他生命。他的伴侣还有一位名叫乌莎斯（Ushas），是黎明和朝霞女神，同时也是他的女儿。

随着毗湿奴、湿婆和鲁帕（Rupa）等新神的出现，《梨俱吠陀》中的神灵逐渐被降格为次要的神，同时也开始了对杜尔迦和排除障碍者象神伽内什（Ganesh）的崇拜。普遍的灵魂或"绝对"的概念，即存在于一切事物中的概念，如"神圣大一"的婆罗门或不变原

则的概念，都是从这个时期开始的。对阿特曼（自我）和婆罗门之间关系的认知解释了出生、死亡和重生的循环。了解婆罗门就了解了一切。

象神伽内什

毗湿奴

湿婆

公元前2000年，说印欧语系的人开始从中亚东北部迁移到伊朗。根据美索不达米亚的楔形文字记载，到公元前850年出现了两个主要的群体：米底人和波斯人（Persians）。

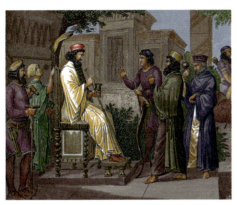

奇阿克萨登上王位

米底国王奇阿克萨

米底王国（Median kingdom）

米底人是第一个与亚述发生冲突的新伊朗的印欧语系使用者。希腊历史学家希罗多德（Herodotus）的报告说，米底王国是由迪奥塞斯（Deioces）于公元前728年建立的，他把埃克巴坦那（哈马丹）城作为自己的都城。然而，根据亚述人的记录，当时米底人只是东部边境上几个令人鄙夷的民族之一。

在奇阿克萨（Cyaxares，前625—前585）的统治下，米底人组成一支颇为强大的军队，攻击亚述，袭击亚述城。巴比伦的王子尼布甲尼撒（后来的第二任国王）和奇阿克萨的孙女联姻，成了巴比伦正在崛起的标志。

公元前612年，新的盟友将矛头对准了这个虚弱至极的亚述国，随着尼尼微城的沦陷，亚述国的势力终结。幸存的亚述人逃到叙利亚，徒劳地向埃及求助，美索不达米亚被瓜分——一部分是占领低地的巴比伦，另一部分是占领高地的米底。

这使米底与小亚细亚的主导力量吕底亚发生了冲突，但巴比伦筹备了一项和平条约，被称为"万王之王"的米底国王在不到一百年的时间里，可以自由地在伊朗和美索不达米亚的大部分地区行使权力。

公元前626—前539年间，巴比伦重新建立了新巴比伦帝国（Neo-Babylonian Empire），迦勒底国王那波勃来萨（Nabopolassar）成为开国帝王。迦勒底位于波斯湾（Persian Gulf）附近的海岸，而且从未被亚述人彻底推翻。公元前630年，那波勃来萨成为迦勒底国王。公元前626年，那波勃来萨迫使日渐衰弱的亚述人离开乌鲁克（Uruk），并建立起了旨在摧毁亚述的联盟。他也曾与埃及交

尼布甲尼撒二世（前605—前562）

尼布甲尼撒二世被认为是迦勒底王朝最伟大的国王，是那波勃来萨的儿子。他入侵并征服了叙利亚和巴勒斯坦，主要以耶路撒冷的毁灭和犹太人的巴比伦流亡而闻名。

尼布甲尼撒王和他的一个园丁会面

战，但遭遇不幸和成功的比例大致相同。他着手修复了巴比伦城市的运河网络。

前626 新巴比伦帝国发轫之始。
前605—前562 在尼布甲尼撒二世的统治下，迦勒底新巴比伦帝国成为美索不达米亚及更远地区最强大的国家。
前562 在尼布甲尼撒二世死后，新巴比伦帝国开始失去影响力。

尼布甲尼撒二世的建筑方案

尼布甲尼撒利用他从占领的土地上获得的大量财富，开始以华丽的风格重建巴比伦，把这座城市改造成一个宏伟的中心城市。他重建了城墙，修缮了圣殿，包括埃兹达神庙（Ezida temple）和以埃特梅南基金字形神塔（Etemenanki）为特色的马尔都克神庙，并修建了用石灰石铺就的仪仗大道。

在公元前7—前6世纪的鼎盛时期，巴比伦被认为是世界上最大的城市，拥有成千上万的人口。

城中主要的建筑材料是烧制的砖块，其中很多都上了漂亮的釉彩（比如伊什塔尔城门）。巴比伦城现已消失，只剩下占地2100英亩（850公顷）的废墟，但据估计，这座城市最初的占地面积是现在的两倍。

伊什塔尔城门（Ishtar Gate）

尼布甲尼撒二世在伊什塔尔城门上的碑文上写道："我把凶猛的野牛和恶龙安置在城门口，将它们装饰得光彩奢华，这样人们就可以惊奇地凝视它们。"

这座由尼布甲尼撒建造的美丽的蓝色城门是巴比伦城的八扇门之一，是他献给伊什塔尔女神的。大门由釉面钴蓝砖制成，用龙和公牛装饰，现在收藏于柏林佩加蒙博物馆。

巴比伦的伊什塔尔城门，现收藏于德国柏林的佩加蒙博物馆

巴比伦空中花园

　　令人遗憾的是，作为世界七大奇迹之一，传说中的巴比伦空中花园直到现在还没有被发现！金字塔倾斜的墙壁和梯田上种植的树林和灌木，可能是这幅画作者的灵感来源。空中花园的传说始于尼布甲尼撒二世国王，据说他为王后安美依迪丝（Amytis）建造了花园，当时的王后正朝思暮想童年时代的绿树和高山。还有一种说法认为是巴比伦北部尼普尔的花园，但一些学者认为那个故事真正指的是亚述城尼尼微的宏伟花园。无论如何，巴比伦始终与花园联系得最为紧密。

来自犹太的犹太流散

　　尼布甲尼撒二世第一次征服犹太发生在公元前598或前597年，第二次则发生在将近十年之后的公元前587或前586年，耶路撒冷和圣殿在公元前586年被摧毁。随之而来的是大批犹太人被迫流亡到巴比伦，犹太人开始散居海外。

波斯的统治

波斯大帝居鲁士（生于公元前590—前580年）建立了阿契美尼德波斯帝国（Persian Empire）。他听闻巴比伦的统治者，同时也是尼布甲尼撒的最后一个继承者那波尼德（Nabonidus）不仅不受人民百姓的欢迎，而且也不受马尔都克祭司的喜爱。于是在公元前539年，居鲁士入侵巴比伦，在那里成了一名受欢迎的统治者。他还支持当地习俗，向当地神灵献祭。作为巴比伦的统治者，他接任了巴勒斯坦和叙利亚，在公元前538年，他允许犹太人返回巴勒斯坦。但是许多犹太人选择留在巴比伦，因为他们多年来已经融入巴比伦社会，其中一些人还获得了很高的社会地位。

波斯国王居鲁士大帝

巴比伦的灭亡

自从巴比伦被波斯统治后，就再也没有独立。公元前331年，亚历山大大帝统治了巴比伦，他想把巴比伦作为帝国的都城，但他32岁时就死在了尼布甲尼撒的宫殿里。塞琉西家族（Seleucids）继承了他的大部分领土，后来又放弃了，历史上一个伟大的城市就此终结了。

为什么一个小时有60分钟——巴比伦数学

和古埃及人一样，巴比伦也是早期应用高等数学的民族之一。巴比伦人复杂的数学和天文学可能是源于他们需要维持农业周期和控制灌溉系统，所以预测天文事件和做出精确计算对社会发展而言至关重要。除此之外，他们的管理者和商人也需要高级数学。

大部分早期数学在公元前1900年左右的古巴比伦时期就得到了很好的发展。

巴比伦人是以60为基数（六十进位制）计算的，而我们现在的计数系统是以10为基数的十进制，这意味着我们只有9个单一的单位，当我们达到10

一种位置法

与埃及人有所不同，巴比伦人使用位置或位置值符号来表示数字。这种位置法使用少量的符号，其大小量级由位置所决定。所以，72并不意味着7加2（如埃及或罗马数字），而是7乘以10加2。如果数字是相反的27，它将被理解为2乘以10加7。

直到塞琉西王朝时期（Seleucid period），他们才开始使用零作为间隙分隔符，而且在一定程度上，他们还会运用分数。他们可以提取平方根、解线性方程组、二次方程和一些三次方程，并计算复利。

巴比伦人也用毕达哥拉斯三元数组

角度与时间

用于测量360度的太阳弧推运法被应用于所有的圆的测量上，这就是我们为何仍然以360度度量圆。

就时间而言，一天分为两个部分：白天12小时，晚上12小时。每小时被分成60分钟——也就是说，划分成微小的部分。接着，它们被分为60个更小的单元。我们的小时、分钟、秒钟就这样诞生了。

处理复杂数学问题的巴比伦楔形文字板，可能与建筑问题息息相关

个"十进制"之后，才可以记录更大的"十进制"——"百进制"，以此类推。但是，巴比伦人在以"六十进制"测量之前有59个单一的单位，直到他们达到120，他们才有另一个更大的"六十进制"。

数字60可以被2、3、4、5、6、10、12、15、20和30这些数整除，所以非常有用，而10只能被2和5这两个数字除尽。

使用以60为基数（六十进位制）的系统很可能源于巴比伦人的天文观测，即太阳在其弧线上运行了360天，该测量被分成六个等份。

做运算。这三个整数满足毕达哥拉斯关于直角三角形边的定理。从公元前18世纪开始，毕达哥拉斯定律就被应用于美索不达米亚建筑中。

有些楔形文字板是数值表，如乘法表、重量和度量衡表。这些很可能已经被贸易商或工程师所使用。其他文字板涉及代数或几何问题的解决方案。有些包含了多达两百个问题，而且难度逐渐增加，这些问题很可能被用于要求苛刻的学校。但是，巴比伦人并没有试图将他们的数学归纳成抽象的基础理论，也没有发现一条细致严谨的规律。

日历

在古巴比伦时期，一种基于太阳和月亮周期的日历开始被应用。有12个月，一个月是29天或30天，每个月从日落后第一次出现新月的那一天开始。所以，一天是从日落到日落来计算的（在犹太和阿拉伯的日历中也是如此）。第一个月是由春分或大麦收获来决定的，必要的时候会增加一个月以配合太阳年。

巴比伦日历，以楔形文字列出了一年中幸运和不幸的日子

天文学

大约在公元前750年，学者们为了寻找天文现象和地球上发生的重大事件之间的联系编写了重要的"天文日记"。他们观测到了二至点（夏至和冬至）和二分点（春分和秋分），天狼星周期（27年）和行星周期（已知有五颗行星，远至土星）。在公元前500—前300年，他们发明了19年制的历法周期（乌鲁克方案），并绘制了360度黄道十二宫图（zodiac）。

巴比伦天文学是建立在细致入微的观察和记录基础上的。他们做出了精准的天体预测，计算出了精确的历法，但就像他们的数学一样，没有综合或理论化，也不存在抽象空间或抽象时间的概念。他们的宇宙观在《埃努玛·埃利什》（*Enuma Elish*）中得到了解释：巴比伦之神马尔都克将恒星和行星放在了天上，像人类一样，它们服从马尔都克

巴比伦天文学著作

的意志，继而没有必要对它们的行为做进一步解释。

巴比伦的研究方法和观测记录对希腊和印度的天文学家而言，非常有价值。

星座和黄道十二宫

除了时间和角度测量，我们还从巴比伦人那里继承了许多恒星星座的名字，例如：

现代名称	巴比伦时期名称
金牛座，公牛	天堂之舵
狮子座，狮子	狮子
天蝎座，蝎子	蝎子
摩羯座，"山羊座"	"羊鱼"
双子座，双胞胎	大双子
巨蟹座，螃蟹	龙虾

巴比伦天文学家首度将360度的黄道带划分成12等份，每30度范围内有一个星座，总共12个星座；还计算出19年的历法周期（今天在犹太和阿拉伯历法中仍被用于复活节的时间安排）。

黄道十二宫摩羯座和水瓶座的标志

107

"知不知上，不知知病。"

——《道德经》

道家学派的创始人是哲学家老子，据传他生于中国河南省，生活在大约公元前604—前531年（几乎与孔子同时代），是经典著作《道德经》的作者。如今一些历史学家想知道他是否真的存在过，抑或只是书中不同作者的笔名。

《道德经》认为，虽然宇宙看似复杂并且令人困惑，但实际上很简单，只有一个叫"道"的普遍原则。和所有道家的著作一样，《道德经》使用隐喻来传达信息。

"道"是自然之道，是宇宙的自然规律，一种不断的运动或变化。它是自发的、自由流动的、循环的。但是人类花了太多时间与自然对抗，以至于我们已经与世界运行的基本规律失去了联系。

一切都来自"道"，所以一切都是与之相关的。有人认为万物之间彼此独立，这是一种幻觉。正是在人们看不到

老子

道法自然

自然

道家文化旨在超越原始的人性，与"道"和谐，与自然合一。为了做到这一点，修道之人经常选择远离社会，将尘世的干扰和行为抛诸脑后，在大自然中沉思，这种做法也被鄙视迷信的儒家学者所欣赏。

宇宙的本质，并开始认为我们的个人信仰存在一个客观现实的时候，这种幻觉就萌生出来。

由于道家文化作为一种沉思哲学并不适合所有人，它便发展出一种有道士、仪式、神灵、来世和道德教义的颇受欢迎的公共宗教——道教。道教也曾变质，有骗子们兜售仙法护身符，假装看到未来，进而追求永生或仙法力

前604—前531　传说中哲学家老子在世的时间。
前370—前287　中国思想家庄子"人道合一"的一生。

量的。

然而道教也包含了对自然的严肃探索。炼金术士和武林高手都与道家理念有着千丝万缕的联系。

阴/阳

自然之道表现为两种既对立又互补的力量，称为阴和阳。当它们不断寻求彼此之间的平衡或和谐时，它们的相互作用就会引起宇宙中的运动——四季更迭、生命循环等。它们可以被简单地描述为积极的和消极的，或者男性和女性，但它们远不止如此。阳是动态的、外向的活跃能量（明亮、炎热、快速），而阴是被动的、内向的、缓慢的以及黑暗的。阴阳二者互相包含、互相转化。阴阳平衡是许多中国传统实践的基础，如医学和武术。

庄子和蝴蝶

庄子生于公元前370年左右，是道家学派代表人物之一，他的著作《庄子》堪称经典。他关于梦的描述是典型的道家思想：一天晚上，庄子梦见自己是一只蝴蝶——一只快乐的蝴蝶，四处飞舞，却没有意识到自己是庄子。他突然醒了，恍恍惚惚，不知是自己做梦变成了蝴蝶，还是蝴蝶做梦变成了自己。

道观壁画

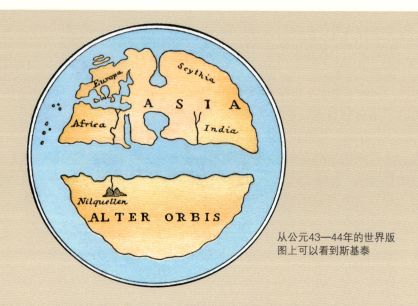

从公元43—44年的世界版图上可以看到斯基泰

斯基泰游牧民族从俄罗斯南部一直向西迁徙到美索不达米亚境内，在公元前9—前4世纪控制了中亚西部。斯基泰人（Scythians）不擅长打仗，他们通过从定居在平原边界的农耕社群收缴贡品，以及向黑海沿岸的希腊城邦贩卖俘虏奴隶，变得富裕起来。贸易的增长导致越来越多的斯基泰人定居于此，一些人与希腊人通了婚。

到公元前4世纪，一个富裕的贵族阶层已经发展起来，他们被埋葬在修葺

斯基泰黄金徽章，可能是衣服上的饰品

精致的坟墓里，通常还伴有活人献祭。这些坟墓被称为库尔干（kurgans），里面装满了珍贵的物品，如绿松石、玛瑙、琥珀珠串或黄金制品。

黄金制品是斯基泰人制作的主要工艺品，通常以徽章、胸饰、项链、手镯、耳环或马饰的形式出现，所有这些工艺品都有其独特的动物装饰风格，比如极具表现力的动物——马、狮子、老虎、驯鹿或神话中的野兽——经常表现为奔跑或打斗。和大多数游牧艺术一样，这些装饰品都很小巧别致。现已发现的许多半卧的牡鹿黄金雕像可能是镶嵌在斯基泰人圆形盾牌中心的装饰品。

斯基泰艺术家也使用银、青铜、铁和琥珀金，而且一些库尔干里还发现了奢华的刺绣和贴布毛毡衣服、地毯以及壁挂。

公元前513年，强大的斯基泰人阻止了大流士一世（the Great Darius I）统治下的波斯人的入侵，但到了公元前2世纪，他们的文化就消失殆尽了。

然而，斯基泰艺术或草原艺术仍然生机勃勃，它被地中海一带的腓尼基人传播，以致对整个西亚艺术风格产生了持久的影响。

前9世纪 游牧的斯基泰人从中亚向西迁移，形成了一个庞大的帝国，最终从波斯北部延伸到俄罗斯南部，向西延伸到美索不达米亚和黑海。

前7世纪 斯基泰动物风格的珠宝遍布西亚。

约前513 斯基泰人击退了波斯人的入侵。

这个人型容器显示了斯基泰艺术家的技艺

斯基泰勇士

大约在公元前7—前5世纪时期，耆那教（Jainism）在印度东部的恒河流域发展起来。耆那教教导人们有道德的生活可以使人从反复的重生中获得自由，强调非暴力（无害）地对待所有生物。

耆那教并没有一个独立的创始人，它是当时众多反对吠陀婆罗门教派的信仰体系中的一个。其他信仰体系集中反对种姓制度，例如婆罗门祭司在祭祀仪式上有明显的优越性，而耆那教是一种放弃世俗，专注于道德生活的修道传统。苦行和不执也是耆那教通往精神净化和开悟超脱的途径。

"耆那"一词来源于梵文的"Jina"，意为"胜利"，指通过自己的努力获得精神上的启迪，从而摆脱物质世界的束缚，寻求灵魂的解脱。

传说中耆那教杰出的领路人，被称为"耆那教锡山卡"（Tirthankaras），字面意思是"二十四代祖师"。他们为世人展现了如何跨越重生洪流。第一个关于"锡山卡"的历史证据是公元前7世纪的二十三祖巴湿伐那陀（胁尊者）（Parshvanatha，Parshva）。

一位耆那教修女戴着面具，以防昆虫被吞入

耆那教徒戴着面纱，这样他们就不会吞下昆虫或微生物，也不会吃蜂蜜，因为他们认为，蜂蜜是蜜蜂的生命。他们会观察自己的脚步，不能踩碎任何生物；也要避免从事任何可能伤害生物的工作，比如农业。

耆那教二十四位祖师

东亚 ┃ 孔子

学而时习之，不亦说乎？有朋自远方来，不亦乐乎？人不知而不愠，不亦君子乎？

——《论语》

约前141—前87　中国汉武帝（Emperor Wu）统治时期。他实行官吏选拔制度，采纳儒家思想。

孔子这位哲学家的真名是孔丘。他出生于公元前551年左右中国春秋时期鲁国一个没落的贵族家庭。公元前479年去世时，他并不知道自己会成为中国历史上最有影响力的人物。

孔子

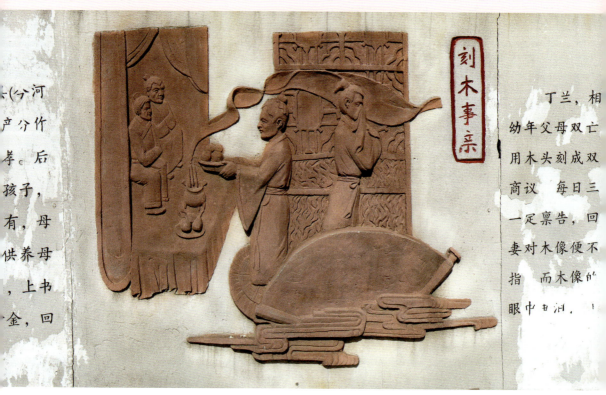

孔子

墙上刻着关于孝道的故事

孔子生于动荡的春秋时期，当时中央权威已经瓦解，社会混乱不堪，没有强大有力的统治者，也鲜有道德高尚的人。当时的史书《春秋》记载了一些阴郁悲观的事件，诸如暗杀和战争。

孔子渴望和谐的社会秩序和道德行为，他理想的黄金时代是周朝。他对周公（Duke of Zhou）的故事印象尤为深刻。周公制礼作乐，为他年轻的侄子担任摄政王，并在他侄子成年后和平地移交权力。

孔子认为这是恰当得体的行为典范，因为统治者的行为是恰如其分的——仁慈的、公正的和合乎道德准则的——社会的其他阶层也会纷纷效仿，并且表现得"恰当得体"——对上级忠

诚，对下级慈悲，富有同情心。孔子把他那个时代社会秩序和统治阶级的崩溃视为道德行为的崩塌。但他坚信，既然人们曾经享受过一个美好的社会，只要他们过着品德高尚的生活，那样的社会就能回归。

尽管他把完美的社会设想得等级森严，但它建立在上下级之间仁慈有爱的基础上，通过教育，每个人都可以获得更好的社会地位。孔子认为，人类的等级制度或社会秩序反映了天道，是一种非人格化的力量，天人沟通是通过仪式来实现的，尤其是那些与祭天或祭祖有关的仪式。因此，他认为仪式应该一丝不苟地进行，恰当得体地遵守规则所获得的内在美德，可以帮助一个人从各个

方面变成更好的人。他教导说，更好的个人才会有更好的社会。

他强调仪式不应该浮于形式。"人而不仁，如礼何？人而不仁，如乐何？"儒家的主要价值观是仁、义、礼、智、信。他的"道德金律"中的一条就是"己所不欲，勿施于人"。

《论语》

尽管孔子无法说服他那个时代的任何一位统治者采纳他的理念，但他的教诲确实吸引了一群忠诚的追随者。在他死后，人们把他的语录汇集成中国经典著作之一《论语》，使其思想流传千古。

儒家的家庭观

儒家学说认为，家庭、学校、社群和国家的根本秩序对人类发展和高尚品德的形成至关重要。家庭是道德思想和行为的完美缩影，包含：

- 热爱与忠诚
- 一种自然原生的秩序和恰当的等级制度（正如在那个时代，由一个男性掌权是很自然的事情）
- 孝道
- 教育和学习
- 一系列自然原生的关系，无论是父母对孩子，同胞长幼之间，还是孩子对祖父母
- 道德和伦理行为
- 对历史的敬畏

儒家奠定了一个理念的基础，而且这个理念一直延续到今天的中国：没有什么比家庭更强大。它对祖先和传统的尊重加深了对祖先的崇拜，这种崇拜在中国根深蒂固。

国家意识形态

公元前206年，秦朝统治被推翻，取而代之的是汉朝。至汉武帝时期，国家"独尊儒术"，以德治国，统一社会各阶层。虽然孔子这位伟大的圣人没有亲眼看见，但是他的思想作为官方的国家意识形态被采纳，至今仍被视为中国文化的支柱。更为重要的是，由于中国对亚洲国家有着巨大的影响，儒家思想在日本和越南等国家发挥了重要作用。总而言之，儒家思想的追随者比世界上任何其他意识形态的追随者都要多。

儒家士大夫

当汉朝皇帝在他们的社会结构和政治制度中采用了儒家思想后，他们开启了一种即使在一个朝代灭亡后也能持续的制度。隋唐之后，大部分政府官员须通过儒家理论的考试，学习儒家经典，并以文章的方式表达他们的思想。儒家经典包括"四书五经"。

一些学者认为儒家思想过于强调社会等级制度，但历史显示，宋代以后中国的一半官员来自平民阶层。孔子认为，德行本身就是回报。

《春秋左传》

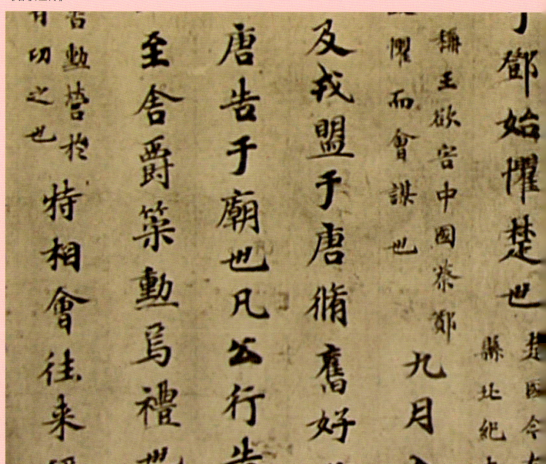

孟子

　　孟子是继孔子之后非常有影响力的儒家思想家之一，他生活在公元前372—前289年。他的道德教化观提倡人性本善，善可以通过环境和教育来彰显。

孟子

卡帕多西亚的地下城市

人们普遍认为，洞穴最早是在公元前8世纪土耳其卡帕多西亚地区的软火山岩中开始挖掘的。几个世纪以后，这些洞穴变成了大山洞，变成了有几层楼空间和几英里长隧道的完整城市。

前8世纪 生活在小亚细亚卡帕多西亚的人们开始在松软的火山岩上开凿洞穴。随着时间的推移，巨大的地下城市应运而生。

5世纪 德林库尤圆满完工，并通过一条5英里（8千米）长的隧道与附近的城市卡伊马克勒相连。

16世纪安纳托利亚地图上的卡帕多西亚

德林库尤（Derinkuyu）的这座城市位于地下200英尺（60米）处，可容纳两万人以及他们饲养的牲畜家禽。它有着巨大的石门，可以完全关闭，居民依靠深井中的水源在围困的环境中得以幸存。

德林库尤建成于公元5世纪，通过一条5英里（8千米）长的隧道与附近的城市卡伊马克勒（Kaymakli）相连通。

大约在公元10世纪初，卡帕多西亚（Cappadocia）是小亚细亚的几个地区之一，与西里西亚（Cilicia）、蓬托斯和加拉提亚（Galatea）接壤。早期的安纳托利亚王国包括弗里吉亚（Phrygia）。据说弗里吉亚中一个国王米达斯（Midas）会点金术，另一位弗国王戈尔迪（Gordius）创造了复杂的"戈尔迪之结"（Gordian knot）。几百年间没有人能解开这个结，直到亚历山大大帝拔出利剑，将其斩断。

卡帕多西亚的地下城市德林库尤

定居在伊朗法尔斯地区的人被称为阿契美尼德家族或阿契美尼亚人，是以他们王朝的传奇创始人阿契美尼斯（Achaemenes）的名字命名的。他们勉强算作米底联邦的一部分。公元前550年，阿契美尼亚国王居鲁士二世，在伊朗其他团体的支持下，起义反抗米底人，并且夺取了米底王国的控制权。他的后裔建立起当时世界上最大的帝国。

居鲁士大帝（波斯国王）

波斯帝国的创始人居鲁士二世，赢得了"居鲁士大帝"的称号，不仅因为他在军事上大获成功，还因为他的外交策略以及对被征服者的人道待遇。

正如许多伟大的历史人物一样，居鲁士的童年充满了传奇色彩，希腊历史学家希罗多德曾将这些载入史册。我们不知道居鲁士出生在何时何地，但很可能是在公元前590年至公元前580年间的波斯法尔斯地区。事实上，"居鲁士"可能是一个头衔或王权的名字，而不是

前549 居鲁士大帝征服了米底人，建立了阿契美尼德波斯帝国。

前539 巴比伦落入波斯的居鲁士之手。

前538 居鲁士大帝允许犹太流亡者返回犹太。犹太人返回并在耶路撒冷建造了第二座圣殿。

前529 居鲁士大帝去世，由冈比西斯继任。

前521 大流士接管了波斯帝国。

前518 大流士大帝建立了波斯波利斯城。

前6世纪 波斯先知琐罗亚斯德（查拉图斯特拉）生活在此时。

前486 大流士在伊朗西部的悬崖上刻下了贝希斯敦铭文。

前485 薛西斯一世成为波斯皇帝。

前480 薛西斯统治下的波斯人入侵希腊。波斯在温泉关战役（Battle of Thermopylae）中击败斯巴达，继而在萨拉米斯战役中被打败。

前465 薛西斯一世去世。

前401 巴比伦附近爆发库那克萨战役。叛逆的小居鲁士被波斯的阿尔塔薛西斯二世击败。"万人大撤退"是居鲁士的一万名希腊雇佣兵在色诺芬的带领下，向北逃到安全的地方。

阿契美尼德王朝概况

波斯国王居鲁士大帝

他的个人名字，因为在波斯帝国灭亡后，这个名字似乎再没有被使用过。

居鲁士大帝是波斯国王冈比西斯一世（Cambyses I）的儿子，其母是当时波斯霸主米底国王阿斯提阿格斯（Astyages）的女儿。据说，阿斯提阿格斯梦见婴儿会对他造成威胁，所以他下令杀死居鲁士。正如在所有这样的故事中那样，被委以处死孩子的官员不忍心下手，便把孩子交给了一个牧羊人照料。这个男孩表现出了惊人的能力和坚毅的性格，以至于引起了阿斯提阿格斯的注意，那时他年事已高，允许居鲁士活了下来。

不料，这个梦竟成真。成年后的居鲁士背叛了他的祖父，夺走了他的王国。

按照当时的标准，居鲁士是非常高尚仁慈的。他没有屠杀被征服城市里的居民，甚至赦免了与他敌对的国王，如吕底亚的克罗伊斯（Croesus）。他允许被征服的民族保持他们原有的宗教活动和习俗，从而赢得了他们的支持。他坚持认为，帝国里的每个人在法律面前都应该享有同样的权利。当被囚禁在巴比伦的犹太人请求让他们返回朱迪亚（Judea）时，居鲁士不但答应了他们的请求，而且还将被巴比伦人尼布甲尼撒所夺走的一些圣殿宝藏归还给他们。

有一份关于居鲁士的记载这样写

道："从今以后，法律规定强者不得伤害弱者。我，居鲁士……秉公执法。"以前美索不达米亚城市的征服者经常施以暴行，一种普遍的表达优越感的方式是拆毁寺庙和宫殿。因此，当居鲁士在公元前529年进入被占领的巴比伦城时，据说，祭司们站在一旁，期待着他下令摧毁他们的庙宇和雕像，但居鲁士把他的权杖放在了巴比伦最重要的神——马尔都克雕像的脚下。大祭司泣不成声，他拾起权杖，交还给居鲁士，并宣告他是这座城市合法的统治者。

居鲁士记录了自己进入巴比伦的经过："我坐上了国王的宝座。我的庞大军队平安地步入了这座城市。我赋予所有人敬拜他们自己神的自由。……我命令不要摧毁任何房屋，不要剥夺任

前336 最后一位波斯阿契美尼德大帝——大流士三世登上王位。

前333 伊索斯战役：亚历山大大帝击败波斯的大流士三世。

前331 斯基泰人击退并杀死亚历山大大帝的总督。

前330 高加米拉战役（Battle of Gaugamela）：亚历山大大帝最终战胜了波斯大流士三世成为波斯帝国的统治者。

何居民的权利。我赐予所有人和平与安宁。"

居鲁士给予人们宗教自由，将人们从地方恶霸手中解放出来，以宽容的统治让所有人都享有人权，居鲁士因此赢得了民众的忠诚和对手的尊重。

"富可敌国"的来源——"像克罗伊斯一样富有"

克罗伊斯是吕底亚的最后一任国王，吕底亚是安纳托利亚西部的一个商业城邦，都城在萨迪斯。人们认为，吕底亚人发明了金属硬币（黄金和白银），还引进了第一家常驻商店。王国在公元前600年左右达到鼎盛，但在公元前546年被波斯帝国吞并。

克罗伊斯通过征战而拓展了王国的疆域，并且变得无比富有，由此产生了"像克罗伊斯一样富有（富可敌国）"的说法。他因在德尔斐捐赠巨款求取神谕而闻名。吕底亚人对他们

吕底亚的国王克罗伊斯被带到波斯大帝居鲁士面前

邻近的爱奥尼亚希腊人的商业发展产生了重大影响。

关于克罗伊斯后来的遭遇有着不同的说法。有人说他死在波斯军队攻击下烈火熊熊的城堡里，也有人说他成了征服者波斯大帝居鲁士的谋士。

居鲁士大帝的战役

前550 伊朗

居鲁士巩固了他对波斯东部（伊朗）的统治，然后将注意力转向了西部的米底人。他击败了他的祖父阿斯提阿格斯——米底王朝的最后一位国王，那时大批米底军队弃兵投降。

前547—前546 吕底亚

居鲁士首先把目光投向北方，投向小亚细亚富饶的吕底亚。他占领了西里西亚，孤立了吕底亚，使它无法得到埃及和巴比伦等国家的潜在援助。公元前547年末，波斯人与吕底亚人在哈利斯河上展开了一场战斗，未分胜负。之后，吕底亚人认为那一年战争的季节已经接近尾声，于是解散了军队，回到了他们的都城萨迪斯。然而居鲁士却继续推进，包围了萨迪斯，并在公元前546年俘虏了吕底亚国王克罗伊斯。

前545 中亚

居鲁士征服了波斯以东阿富汗和巴基斯坦的部落，以及奥克苏斯河（Oxus River）对岸的部落。

前540 小亚细亚西部

居鲁士的将军们接受了米利都（Miletus）的投降，并征服了小亚细亚西海岸的其他希腊城邦。

前539 巴比伦

在巴比伦有一位不受欢迎的国王那波尼德，居鲁士充分利用了国内的矛盾，几乎不费吹灰之力就进入了这座城市。当他表明，他不会以外国征服者的身份统治，而是以巴比伦人的身份统治时，他就被民众所接纳了。后来他将巴比伦的领土并入他的帝国，一直延伸到包括朱迪亚在内的埃及边境。

前529 东部边境

居鲁士正准备进攻埃及时，不得不去保卫东部边境。最终，他牺牲在奥克苏斯河和药杀水附近的战斗中。

居鲁士大帝的继位者是他的儿子冈比西斯。冈比西斯攻打埃及，在公元前522年他匆忙赶回波斯去粉碎一个冒名顶替的骗局，结果死于感染。那年他把驻军留在了埃及，也留下了一个潜在的灾难——权力真空。

据古希腊哲学家柏拉图（Plato）记载，居鲁士鼓励人们为他出谋划策，他从整个帝国谋士的经验和智慧中获益，于是"城邦上下一片和谐"。柏拉图继续写道："居鲁士是一位伟大的领袖，同时也是他子民的伟大朋友。他赋予了所有人自由的权利，因此，他赢得了他们的心，他的士兵们随时准备为他而战。"

尽管事实上奴隶制确实存在，尤其

居鲁士攻陷巴比伦

是对战俘的贩卖，但居鲁士对奴隶制嗤之以鼻，为波斯帝国树立了榜样。

古希腊作家色诺芬（Xenophon）将居鲁士视为心目中的典范，他认为居鲁士是一个英勇的军事指挥官，也是一个伟大的统治者。居鲁士被称为"波斯之父"，他得到了民众的爱戴。

马拉松战役（Battle of Marathon）：希波战争的发端

大流士认为，他对希腊的行为是一种报复行为。公元前492年，他发动了一次航海远征，但因风暴被迫撤退。两年后，一支新的波斯侵略军再次出发了，意图征服雅典人和希腊大陆。

波斯军队由将军达提斯（General Datis）指挥，人数在1.5万至2万之间，其中包括颇具杀伤力的骑兵部队。在指挥官米太亚德（Militiades）的全面指挥下，约一万名雅典人和他们的一千名普拉提亚盟友向马拉松平原进发，以迎接入侵者。雅典曾向希腊的另一个主要城邦斯巴达寻求帮助，但斯巴达人借口说，他们正在参加一个重要的宗教节日，所以不能派遣任何士兵。

入侵部队在公元前490年9月登陆马拉松海湾，然而希腊人已经选择了战场，他们利用沼泽和山区地形优势，令波斯骑兵无法展开行动。

希腊步兵加强了侧翼，所以当他们发起正面进攻时，波斯人就被引诱到中心地带，然后被希腊人从侧面袭击并彻底击溃。波斯人逃回到他们的船上，然而在撤退时被屠杀了。大约有6400名波斯人被杀，而雅典人只损失了192人［以及人数不详的普拉提亚人（Plataeans）］。

马拉松是历史上决定性的战役之一。首先，对于此前被认为战而不胜的波斯军队来说，这是一次令人猝不及防的失败；其次，这次战役彰显了希腊步兵的训练有素；再次，这次胜利鼓舞了其他希腊城邦抵抗波斯帝国。

大流士被激怒了，他准备了一支更强大的侵略军，但是公元前486年，埃及叛乱，同年年末，他离开了人世。他的儿子迦撒哈亚薛（Khshayarsha）继承了王位，其希腊名字更广为人知——薛西斯（Xerxes）。在《圣经》中，薛西斯被称为亚哈随鲁（Ahasuerus）。

公元前490年波斯人和希腊人之间的马拉松战役

大流士大帝

　　大流士一世，是居鲁士麾下的一位将军，也是他的堂兄弟。他在公元前521年夺取了王位，镇压了波斯的叛乱。为了减少未来的动荡，他继续执行居鲁士的政策，将帝国重组为多个管辖地，每个行政区都有一名主管或总督。

　　大流士将帝国扩张到印度西北部，巩固其东部边境，然后试图在博斯普鲁斯河（Bosphorus River）以北击溃斯基泰人。这是波斯人第一次入侵欧洲，尽管他未能与斯基泰人决战，但他确实宣称对色雷斯和马其顿拥有主权。

　　令人惊讶的是，在公元前500年，位于爱奥尼亚（Ionia）小亚细亚的希腊城邦发动了一场联合叛乱，在公元前498年烧毁了当地总督的城市萨迪斯（Sardis）。

　　雅典向爱奥尼亚人提供了一些军事支持，这一举动引起了波斯人的敌意。公元前494年，波斯开始收复这些反叛的城市。

大流士时代的译文

　　作为波斯皇帝，大流士早期的主要记录为翻译古代楔形文字提供了千载难逢的机会。他在岩壁上刻下了与他升任皇帝有关的事件，其中最重要的当属伊朗克尔曼沙赫（Kermanshah）贝伊索通山悬崖上刻有三种语言的岩石浮雕。

大流士大帝和随从

波斯大流士大帝征服了叛乱者

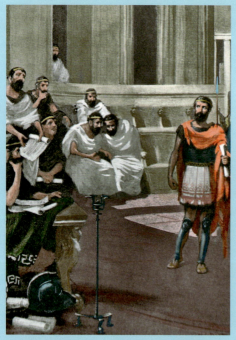
雅典将军米提亚德（前550—前489）在马拉松战役中发挥了至关重要的作用

在贝希斯敦岩上，同一文本刻有三种不同楔形文字，分别是古波斯文、埃兰文和巴比伦阿卡德文，它给了学者们从波斯文着手进行交叉翻译的可能，从而破译出之前神秘的巴比伦和埃兰楔形文字。贝希斯敦岩相当于波斯和巴比伦的埃及罗塞达石（Rosetta Stone）。

贝希斯敦岩刻（Behistun Rock）位于巴比伦与米底的首都埃克巴坦那（Ecbatana）之间的一条古道上。碑文本身体积巨大，49英尺（15米）高，82英尺（25米）宽，雕刻在328英尺（100米）高的悬崖上。

大流士是一个伟大的建造者，他从帝国各地调来了能工巧匠和原材料。他在波西斯（法尔斯）的波斯波利斯建立了一个全新的城市作为第二个首都，并在第一个首都苏萨新增了一座宫殿和谒见厅。他还批准在埃及修建新的庙宇，重建耶路撒冷的犹太圣殿。

大流士刻有三种语言的浮雕，位于伊朗贝伊索通

在大流士描述他在苏萨新建宫殿所用的材料时，记录下了黎巴嫩的雪松、萨迪斯和巴克特里亚的黄金、索格底亚那（Sogdiana）的青金石和玛瑙、克兰斯米亚的绿松石、埃及的银和乌木、爱奥尼亚的装饰和埃塞俄比亚的象牙。他写道："石匠是爱奥尼亚人和萨迪斯人，金匠是米底人和埃及人，木匠是萨迪斯人和埃及人，制作烧结砖的是巴比伦人，装饰墙壁的是米底人和埃及人。"

波斯波利斯，阿契美尼德帝国举行仪式的都城

伊朗波斯波利斯一座宫殿的遗址

薛西斯

约公元前482年，随着埃及的叛乱和巴比伦的起义，薛西斯开始了他作为波斯皇帝的统治，他是一个比前任更严酷的统治者。他迅速而果断地镇压了叛乱，然后强制实施了波斯的统治，而不是让当地习俗继续保持下去。在薛西斯败给希腊人之后，他在奢华的宫殿里挥霍时光，而这种颓废正是波斯帝国灭亡的先兆。他放任后宫的阴谋诡计，导致帝国内乱。公元前465年，宫廷政变，薛西斯被暗杀。从此以后，只出现了一任强大的波斯帝王，而且在不到一个世纪之后就直面强势的亚历山大大帝，这让整个波斯帝国都猝不及防。

波斯薛西斯一世

苏萨阿契美尼德宫殿琉璃瓦上雕刻着波斯军队的士兵

　　波斯人自己也特别擅长装饰艺术，如金饰、珠宝、篆刻、陶器和精美的金属制品，还有装饰一新的武器。

希波战争仍然硝烟弥漫

公元前480年波斯和希腊之间展开萨拉米斯战役

公元前481年，薛西斯率领他的陆海军向北再次入侵希腊。在小亚细亚萨迪斯度过寒冬之后，入侵部队在希腊中东部拉米亚湾北岸狭窄的温泉关关口遇到了一支希腊部队。斯巴达国王列奥尼达（Leonidas, King of Sparta）指挥着大约7000名希腊人，还有他自己的300名斯巴达士兵。他的目标是争取时间，让希腊人撤退到科林斯地峡的防线上集结盟友。在马铎尼斯将军（General Mardonius）的带领下，波斯人发现了一条小路，这条路使他们能够出其不意地袭击希腊人。在英勇的最后一战中，斯巴达人（Spartans）誓死战斗，给了主力部队撤退的时间。

温泉关战役成为英勇抵抗的象征，尽管斯巴达人做出了牺牲，但他们还是未能阻止波斯人挺进雅典、烧毁雅典卫城（Acropolis）。转折点出现在萨拉米斯战役（Battle of Salamis）中，当时波斯舰队被赶出了希腊水域。这是历史上一次决定性的海战，在这场海战中，波斯人的600艘战舰损失了300艘，而希腊人的366艘三列桨战船只损失了40艘。

萨拉米斯战役只是推迟了波斯军队的进一步进攻，入侵的真正尾声是公元前479年的普拉提亚战役（Battle of Plataea）。当时希腊军队的盟友果断采取行动，击败了波斯军队，杀死了马铎尼斯将军，希波战争就此收场。不过，在战争期间，波斯已经开始利用其财富影响希腊的诸多事务。

阿契美尼德王朝的统治

波斯皇帝"万王之王"的头衔，意味着他处于社会金字塔的顶端，除此之外还有一些地位较低的国王。但是就像波斯艺术和建筑一样，社会制度也被整个帝国所采用。那些地位较低的国王可能已经成为皇家宫廷的一部分，和他一起从一个城市搬到另一个城市。大流士大帝的行政改革，源于居鲁士大帝引入的一个由总督统治管理的行政区制度。每个总督行政区都有一支军队驻扎，由一位直接向皇帝汇报的将军和一位负责收税的行政官员率领。一群四处游荡的巡视员负责控制这些潜在的有权有势的人物，他们被称为"国王之眼"。为了防止地方权力坐大，地方官员往往会被调往另一个地区。

"国王之眼"的工作得益于政府邮政系统和公路网的建设，公路网的中继站彼此之间相距仅一天的行程。加上尼罗河和红海之间运河（早期的苏伊士运河）的修建，这些使得波斯人比这个地域以往任何一个城邦的沟通都更加通畅。硬币、砝码和度量衡都是标准化的，大流士尤其为他建立的法律体系感到自豪。这涉及基于当地习俗的地方法院，以及国王颁布的帝国法律。他写道："许多做得不好的事，我都做到精益求精。我的律法是让他们惧怕，使强者不击杀贫弱。"

大流士用常备军取代了军事征召，其中包括一万名精英"长生军"（immortals），他们被选为皇家卫队。在战争时期，军队通过征收军税得以巩固。总体而言，身为一名行政长官而非普通士兵，大流士在一个帝国中做出了自己的贡献。在这个帝国中，他设法让拥有不同民族风俗和宗教信仰的普罗大众，在"万王之王"的中央集权下茁壮成长，蓬勃发展。

至高之神阿胡拉·马兹达神与波斯萨珊帝国的创始人阿尔达希尔一世国王

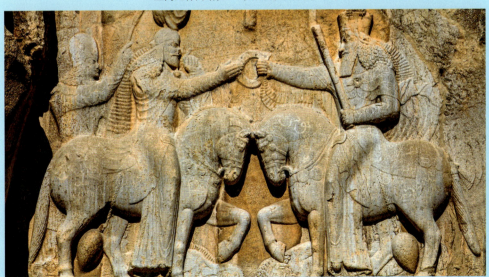

查拉图斯特拉（Zarathustra）和琐罗亚斯德教

琐罗亚斯德教很可能是在大流士大帝的统治下成为波斯的国教。他自己绝对是追随者：在贝希斯敦岩刻上，大流士将他的成就归功于"阿胡拉·马兹达（Ahura Mazda）的恩典"。这是琐罗亚斯德教神阿胡拉·马兹达首次在书面上被提及。

该宗教起源于兼有先知与导师双重身份的查拉图斯特拉，他的名字在希腊语中被称为琐罗亚斯德，他可能生活在公元前1000—前600年之间的伊朗高原东北部。在那个地方，既有荒芜的沙漠又有肥沃的土地，一面山脉起伏一面一马平川，炎热和寒冷并存形成了鲜明的对比。当查拉图斯特拉与这个地区的半游牧民族一起旅行的时候，他发现人类也被截然不同的力量所支配。

查拉图斯特拉以类似的二元论观点看待精神世界。对他来说，造物主阿胡拉·马兹达是光明与生命之神，也是一切纯洁之物的创造者。阿胡拉·马兹达与代表邪恶、死亡和黑暗的极其危险的阿里曼（Ahriman）陷入一场战斗，人类被困在这场战斗之中，但被阿胡拉·马兹达赋予了自由意志，因此人类可以有意识地选择善与恶。

查拉图斯特拉强调道德行为和真理的必要性。他说，人类有能力抵抗邪恶，并转而求助于阿胡拉·马兹达。查拉图斯特拉反对以往宗教的种种行为，如动物献祭和使用致幻植物，主张将火作为一种真理的象征以及仪式的中心。他与东方三博士（magi）——米底人和波斯人传统的祭司阶层代表发生了冲突，但也赢得了一些首领的支持。

琐罗亚斯德教教徒崇拜的阿胡拉·马兹达的有翼符号

查拉图斯特拉.

虽然印度教可能是世界上最古老的宗教,其根源在5000多年以前印度吠陀经和其他传统,但其现代形式直到公元前500—前300年才得以演变完成。印度教既没有一个特定的宗教创始人,也没有一个神圣的文本;相反,它涵盖了诸多哲学和文学观念,并通过仪式、概念、圣地和行为联系在一起。印度教的主要著作包括吠陀经、《奥义书》、《薄伽梵歌》(Bhagavad Gita)以及《阿含经》(Agamas),主要的因果纽带是渴望获得解脱或拯救。"印度教"一词来自波斯语,意思是印度河流域的人们。

印度教教徒认为,人生有四大目的:

·法,也称达摩(dharma,道德伦理/义务)

·阿尔塔(收获物质财富/工作)

·卡玛(情感/欲望)

·摩诃萨(moksha,解脱/摆脱轮回)

人类最重要的两个目标:其一是法则,为了维持和谐与秩序;另外一个即摩诃萨,从轮回中得到解脱。在史诗《摩诃婆罗多》中,克里希那将法定义

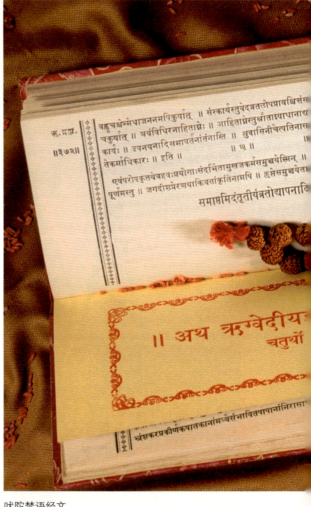

吠陀梵语经文

印度神灵

在印度教中,神的概念是相当复杂的。因为宗教既包含了泛神论的思想(把神等同于宇宙),又有多神论和一神论的思想,甚至还有无神论的观念。印度教的不同流派为创世神、非创世神和非有神论争论不休。一些教派视梵为至高无上的存在,崇拜这位至高无上的神的某些方面,如宇宙的创造者梵天(Brahma)、保护者毗湿奴和毁灭者湿婆。罗摩(Rama)和克里希那,史诗《罗摩衍那》和《摩诃婆罗多》中的英雄,是毗湿奴的化身。

神性存在于人类、动物、树木和河流中,而且自古以来就有着根深蒂固的母性神圣传统。幸运女神拉克希米(Lakshmi)、道德秩序女神杜尔迦

为使物质世界和天界事务顺遂。就摩诃萨而言,在一些思想学派中,从轮回中解脱只能发生在来世。然而另外一些学派则认为,通过实现人与上帝的永恒关系,将自己从这个世界上不断经历的痛苦中解脱出来,这种解脱在今生是可以实现的。

其他重要的印度教主题包括因果报应(行为和结果)和各种瑜伽术(路径)。因果报应解释说,现在的生活环境是过去行为的结果,今天的行为也会影响未来的生活。对神灵的崇拜、吟诵、冥想、仪式过程、节日庆祝和朝圣都属于宗教行为。永恒的职责包括诚实、耐心、同情、自我克制,以及不伤害其他生物。

(Durga)、邪恶毁灭者迦梨(Kali)等女神与诸神的地位一样重要。

宗教仪式

宗教仪式是在家里进行的,因地区而异,同时也因人而异。一般来说,这些仪式包括点亮一盏灯、给神像供奉食物、冥想、唱赞美诗和诵经。

在特殊场合,如婚礼、葬礼、古老的吠陀祭火仪式以及吟唱吠陀赞美诗的时候,还有庆祝一系列的成人仪式:取名、第一次理发、穿耳洞、入学、第一次刮脸等,印度教教徒都会举行宗教仪式。

朝圣与节日

许多历史上重要的朝圣活动至今仍在进行，向山川、河流、森林以及圣人和古鲁致敬。每年，大约有4000万到1亿人依据年份前往"四大河流"之一的恒河进行大规模的朝圣活动。朝圣者向太阳祈祷，并在河里举行沐浴仪式。

节日将个人和社会生活与佛法联系起来，抑或是对许多传说故事的纪念。许多节日是地域性的，而其他节日，比如胡里节和排灯节则是泛印度教的。

前古典期印度教

在公元前300—前200年，婆罗门教学说与佛教、吠陀宗教，甚至更古老的地方宗教的观念相融合。在此期间，吠陀经和《奥义书》成为印度教的思想精髓，学者们撰写了很多重要的基础文献。那时修道院已经初具规模。

印度教神拉克希米和纳拉扬的雕像

古典时期

公元320年的笈多王朝时期，有时也被称为印度古典时期。被称为"往世书"（Puranas）的宗教文本创作于公元前250年到公元500年之间，延续了吠陀的传统，但囊括了毗湿奴、湿婆和提毗（Devi）等印度教神更丰富的神话。这些经文是中世纪印度教的开端。笈多王朝时期见证了许多伟大庙宇的落成，比如中央邦（Madhya Pradesh）代奥格尔（Deogarh）的毗湿奴十化身神庙（Dashavatara temple），以及同样位于中央邦的伊拉基那（伊兰）的建筑群。

在笈多家族的统治下，另一个传统——雕刻大型神像开始崭露头角。

印度北方邦的毗湿奴神庙

亚历山大大帝被认为是有史以来伟大的军事天才之一，他在希腊继承马其顿（Macedonia）王位成为亚历山大三世时年仅20岁。此后十年间，他对欧洲、亚洲和非洲影响深远。

亚历山大于公元前356年出生在马其顿首都佩拉，他的父亲是马其顿国王腓力二世（Philip II of Macedon），母亲是伊庇鲁斯国王的女儿奥林匹亚斯（Olympias of Epirus）。亚里士多德（Aristotle）是希腊伟大的哲学家和科学家，亚历山大受到了他的教诲，从而拥有一个广阔的视野，这是许多当代统治者所缺乏的。亚历山大的野心不仅局限于征服新大陆，他还企图在这些领地大展拳脚。他还受到荷马史诗《伊利亚特》的启发，这是一部关于特洛伊战争

的史诗，他会在征战中随身携带着亚里士多德给他的《伊利亚特》注释本。

亚历山大的军事训练在他年轻时初露峥嵘。公元前340年，当他的父亲在拜占庭作战时，亚历山大镇压了色雷斯密底人的起义，而且在公元前338年，在喀罗尼亚与希腊雅典和底比斯的战争中，他被任命为军队的左翼领导人。腓力对马其顿军队进行了改革，发展了骑兵和步兵方阵，并自亚述人以来首次使用了攻城武器。喀罗尼亚战役（Battle of Chaeronea）的胜利也让腓力当选为希腊城邦科林斯同盟（League of Corinth）的领袖。

公元前336年，腓力在一场婚宴上被自己的保镖暗杀，亚历山大成为国王，但他很快就杀死了自己的堂兄和其

亚历山大大帝建立了亚历山大城

他可能继承王位的人。他不得不平息几次起义，但他也被授予"霸权"的头衔，还指挥了希腊入侵波斯。

波斯波利斯陷入火海

大多数波斯城市都接受现实，向新统治者敞开大门，亚历山大和平访问了巴比伦和苏萨。然而，波斯波利斯的总督试图保卫这座城市，亚历山大被迫迎战。为了报复，亚历山大命令他的军队洗劫了这座城市。宫殿里发生了一场火灾，不仅烧毁了宫殿，还波及整座城市。关于这件事的始末众说纷纭：这可能是对希波战争中烧毁雅典的蓄意报复，也可能是一次醉酒事故。众所周知，亚历山大嗜酒是出了名的。

前336 亚历山大大帝成为马其顿国王。

约前334年 亚历山大大帝通过安纳托利亚入侵波斯，取得了格拉尼库斯河战役的胜利。

前333 伊苏斯战役：亚历山大大帝击败波斯的大流士三世。

前331 斯基泰人击退并杀死亚历山大大帝的总督。

前330 高加米拉战役：亚历山大大帝战胜了波斯大流士三世，取得了最终的胜利。亚历山大成为波斯帝国的统治者。

前327—前326 亚历山大大帝入侵印度。

前326 亚历山大大帝最后一次重大战役是在今旁遮普的海达斯佩斯河。他批准了他的军队归乡的要求。

前323 亚历山大大帝命殒巴比伦。

前319 亚历山大大帝继承人争夺王权。帝国最终被分成三个部分：马其顿、埃及以及亚洲地区。

约前317 最后一批马其顿驻军离开印度。

约前312 塞琉西帝国建立，掌控着亚历山大大帝帝国的大部分亚洲地区。

约前300 波斯的塞琉西王朝将希腊士兵和殖民者迁移到今阿富汗的巴克特里亚，亚历山大大帝的一些士兵已经在那里定居。

在高格米拉战役之后，亚历山大大帝来到波斯大流士三世的遗体前，为他安排了一场体面的葬礼

波斯战役

亚历山大守住了北部边境，转向波斯进军。公元前334年，他率领一支由大约3万名步兵和5000名骑兵组成的军队进入小亚细亚，随行的还有工程师、测量师、建筑学家和历史学家。经历过了战火纷飞，他在格拉尼库斯河战役（Battle of the Granicus）中击败了波斯人。这使他打通了爱奥尼亚海沿岸，解放了那里的希腊城邦，然后继续前往叙利亚。在小亚细亚期间，亚历山大特意去参观了特洛伊遗址和他心目中的伟大英雄阿喀琉斯（Achilles）的墓地。

公元前333年，亚历山大和波斯国王大流士三世（Darius III）在叙利亚的伊苏斯战役（Battle of the Issus）中相逢，希腊人就是在那里打败了兵多将广的波斯军队。

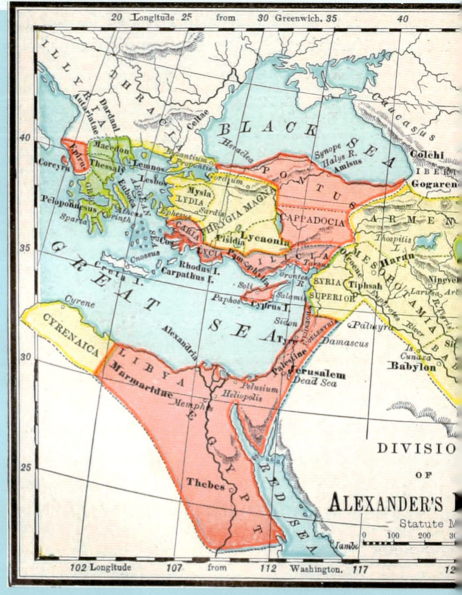

亚历山大帝国分裂后的地图

伊苏斯战役之后，大流士逃之夭夭，但他的妻子、母亲和两个女儿被俘。当大流士提出以赎金和领土让步换取她们的自由时，亚历山大做出了回应：既然自己现在是亚洲的王，就有权决定所有领土的划分。

继叙利亚之后，黎凡特的大部分地域落入希腊人之手，埃及紧随其后。公元前331年，亚历山大回到了美索不达米亚。这是他第二次也是最后一次在高加米拉与大流士三世交战，并再次迫使这位波斯国王落荒而逃。这次战役大流士召集了帝国的强大力量：来自印度的十五头战象和一支据说有100万士兵的

军队。但事实证明，大象对付训练有素的希腊人是没有效果的，而且波斯令人生畏的长柄镰刀战车也没能在希腊队伍中造成混乱——密集的方阵只是躲闪到一边避开了战车。

大流士逃到了东部，希望能再召集一支军队，但他被自己的总督贝苏斯（Bessus）杀死，躺在路边的一辆马车里。亚历山大看到最后一位波斯皇帝受到这样的对待，难掩心中怒气，便把贝苏斯处以死刑。年仅25岁的亚历山大，成了庞大波斯帝国和马其顿的统治者。

亚历山大的野心远不止于此。他手下那几支部队勉为其难地随他向东前进了11000英里，在前进的过程中征服了几个部落和王国，并于公元前327年越过了阿富汗和巴基斯坦边境附近的兴都库什（Hindu Kush）山脉。次年，他在旁遮普（Punjab）的海达斯佩斯击败了保拉瓦国王波鲁斯（Porus, King of the Pauravas），赢得了一场代价高昂的胜利，但他的手下已经受够了。当他们要求返回马其顿时，亚历山大勉强同意，他任命波鲁斯为当地的总督，并且只在他帝国的最东端留下几支驻军。

一位传奇人物的陨落

亚历山大的一生堪称一个传奇，他从未打过败仗。他是一个伟大的军事战略家，保持着他对军队的忠诚，即使铤而走险（通常是鲁莽行事），在战斗中也会顺风顺水，非常幸运。在他征服的波斯领土上，他的帝国从希腊一直延伸到印度旁遮普，从多瑙河扩张到了埃及。他建立了许多城镇（通常被命名为亚历山大或他自己名字的其他变体），引进了共同的希腊文化和语言，并坚持帝国中除了他自己之外，每个人也都应该被平等对待。他试图引进波斯的拜神

亚历山大大帝于公元前323年在巴比伦去世

继任者

亚历山大临终时，被问及谁会是他的继任者，他回答说："天下无敌之人。"因为他没有明确的继承人，所以他知道自己死后会有一场权力之争，只有天下最强大的人才会活下来，更不用说掌权了。

"Diadochi"在希腊语中是"继任者"的意思，是亚历山大的将军和同伙的名字。正如亚历山大预料的那样，他们为了争夺帝国的控制权而互相残杀。

起初，继承还是受到文明道德约束的。将军们一致认为，帝国应该由亚历山大同父异母的兄弟阿里达乌斯（Arrhidaeus）和他未出生的孩子共同拥有。孩子出生后是个男孩，他就是马其顿的亚历山大四世（Alexander IV of Macedonia）。将军们各自以总督的身份来管理国家，然而没过多久，公元前319年继任者之战就爆发了。

到公元前310年，两个名义上的国王都被谋杀了，帝国的各省已经独立，而且幸存的将军们都获得了国王的头衔，但又过了30年冲突才渐渐平息，亚历山大帝国被分成三个部分：安提柯（Antigonus）的后裔安提哥努斯家族（Antigonids）占领了马其顿；托勒密（Ptolemy）的后裔托勒密人占领了埃及；还有塞琉西的后裔塞琉西人控制了亚洲。

继任者之战

仪式，但马其顿人嘲笑他这个想法。在生命的最后，他宣称自己应该被当作神来对待。

亚历山大很残忍，而且报复心很强。当一群为波斯而战的希腊雇佣兵在格拉尼库斯河战役中试图投降时，他下令杀死他们。如果他在战斗中受了重伤，或者面对难以应付的对手时，他的反应往往是杀死所有敌军中的男性，并把妇女和儿童卖给奴隶。

为了团结马其顿人和波斯人，亚历山大为自己以及手下的八十名军官与波斯女人结婚安排了一场盛大的仪式。事实上，几乎所有婚姻都无疾而终。为了巩固联盟，亚历山大还娶了中亚酋长的女儿罗克珊娜（Roxana）。公元前323年，亚历山大在巴比伦突然撒手人寰，享年33岁（可能是因为长期酗酒），当时罗克珊娜怀上了他的孩子。

印度最大的帝国

　　孔雀王朝（Mauryan Empire）是印度历史上最庞大的帝国，从公元前321年一直持续到公元前185年。由旃陀罗笈多·孔雀（Chandragupta Maurya）建立的印度帝国，最终覆盖了除泰米尔南部以外的整个南亚次大陆，是古代世界人口繁多的帝国之一，人口在5000万至6000万之间。这是一个高度发达的独裁国家，拥有常备军和文官制度。它的首都在恒河附近的巴连弗邑，也称"华氏城"（帕特拉），在孔雀王朝的统治下，经济贸易和农业都繁荣兴盛起来。

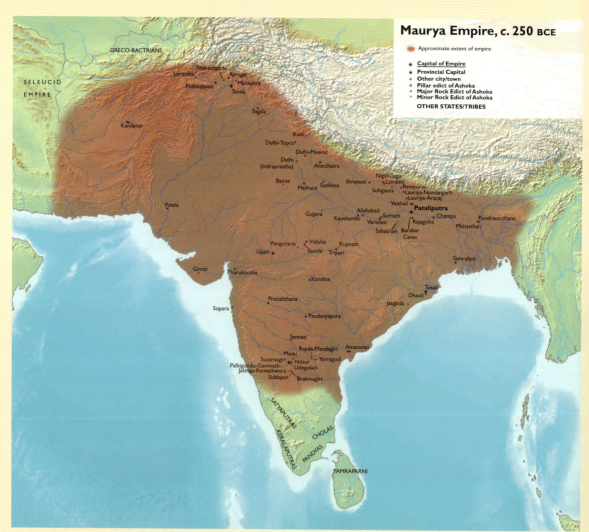

孔雀王朝，约公元前250年帝国大致范围

旃陀罗笈多·孔雀的传说

旃陀罗笈多·孔雀出生于公元前340年左右。他的父亲是一名酋长，在一次边境冲突中丧生，他被一名牧牛人抚养长大。后来，他被卖为奴隶，被政治家考底利耶（Kantilya）买下，考底利耶带他去了塔克西拉（今巴基斯坦），他在那里接受了教育。据说他梦见自己被狮子舔了一下，遇见了亚历山大大帝，这让他相信自己未来会成为皇室中的一员。

在考底利耶的建议下，旃陀罗笈多召集了来自许多地区的雇佣兵，大约在公元前325年，他在印度西北部夺取了摩揭陀王国（Magadha，今比哈尔邦南部）国王的宝座。亚历山大大帝于公元前323年去世后，旃陀罗笈多征服了旁遮普，结束了那里的南德拉王朝（Nandra dynasty）。留在亚历山大边境的马其顿驻军似乎对他对抗南德拉表示支持。旃陀罗笈多的军队也来自四面八方，包括喜马拉雅人、波斯人、巴克特里亚人和斯基泰人。公元前305年，他与亚历山大大帝东部土地的希腊继承人塞琉西一世（Seleucus I Nicator）作战，并与波斯划定了边界。旃陀罗笈多和塞琉西于公元前303年签署了一项和平条约，缔结了婚姻联盟。塞琉西斯得到了五百头战象，旃陀罗笈多得到了塞琉西帝国（Seleucid Empire）的东部领地，包括坎大哈和俾路支斯坦（Baluchistan）。随后，包括使节麦加斯忒尼（Megasthenes）和狄奥尼修斯（Dionysius）在内的几名希腊人出现在孔雀王朝的宫殿里。

在大多数人看来，旃陀罗笈多后来成了一名印度耆那教教徒，因为耆那教圣人巴德拉巴乎（Bhadrabaku）准确预测了一场长达12年的饥荒。在这场悲剧的打击下，旃陀罗笈多与巴德拉巴乎度过了最后的日子，并绝食至死。

旃陀罗笈多·孔雀款待他的新娘——塞琉西一世的女儿，他们的婚姻维系了孔雀王朝和塞琉西家族之间的和平关系

145

旃陀罗笈多的儿子宾头娑罗（Bindusara）在公元前297—前273年间统治着孔雀王朝，他向南部扩张，并征服了印度西南部的德干（the Deccan）。他与最南端的国度以及希腊诸国都建立了和平外交。

宾头娑罗去世之后，随着他的儿子阿育王继承王位，一场继承战争也宣告结束。在公元前275—前232年间，阿育王成了孔雀王朝的最后一任国王。

佛教大帝

桑吉一座佛塔上的一尊坐佛，是由阿育王在毗底沙附近建造的

为了赢得印度南部羯陵伽领域（Kalinga territory）的控制权，阿育王经历了一场惨烈的斗争，他对这一切所造成的痛苦深感震惊。成为一名虔诚的佛教徒后，他放弃了战争，取而代之的是"用佛法征服"。他所说的"佛法"是广义的概念，指宽容、同情、非暴力和善行。他给予所有宗教信仰自由，并在乡村巡回讲道，试图减轻当地的苦难。

阿育王要求官吏了解普通民众的需要，并在伸张正义时保持公正。官吏们被称为"佛法大臣"，他们的使命是为人民减轻痛苦，特别是照顾真正有需要的人——生活在社会底层的贫困女性。阿育王中止了强迫劳动和契约劳动。

他为人和动物建立了医院，还修建了疗养院、水井、水库、修道院和佛塔。

阿育王命令所有有关公共福利的事情都要向他禀告。他声称只寻求带领他的子民走上佛法之路的荣耀。他自己的儿子和女儿都是斯里兰卡的传教士，传教士最远被派往北非。由于阿育王的努力，佛教在印度各地传播开来。

阿育王的石头和柱子上铭刻着他的所思所为，其中两个是用希腊语写的，一个是用阿拉米语和希腊语写的，其余大多数是用古印度语写的。印度国徽就是位于萨那斯（Sarnath）石柱顶端站立着的狮子。

在阿育王的统治下，印度经历了50年的和平时期。然而，在他死后，他所做的一切也就此中断了。实力较弱的国王统治的领土大大缩小，在被巽伽王朝（Shunga dynasty）取代约50年后，帝国便解体了。

印度德里的铁柱。它是以梵文刻写的，可以追溯到旃陀罗·笈多二世统治时期

桑吉大佛塔门上的雕刻讲述了阿育王的生活

被遗忘的中东诸神

作为世界三大一神论宗教的发源地，西亚曾是成千上万不同神祇的家园。

马尔都克，巴比伦的主神

美索不达米亚

由于美索不达米亚的社会性质，这里存在着一千多个神，有的神依照他们不同的表现形式还出现了许多替代名称。其中主要崇拜的神是：

马尔都克

马尔都克是巴比伦的国神，也是巴比伦城的主神。他掌管雷暴，有50个名字，每个名字都有其神圣的属性，后来他被称为"贝勒"（Bel），掌管秩序和命运的神。他的伴侣是扎潘尼图（Zarpanitu）。马尔都克经常以这种形象示人：他穿着缀满星星的束腰外衣，手里拿着权杖、弓、矛、网或者霹雳雷电。对马尔都克最早的描述是他坐在战车里，或者手持锄头、三角铲，这是肥沃和植被的象征。

马尔都克的圣兽有马、狗和一条舌头分叉的龙。这些动物的雕刻品被挂在城墙上。马尔都克征服了原始混沌之龙提亚玛特（Tiamat），成为天地诸神之主。大自然的所有生灵都把他们的存在和命运归功于他。

阿卡德圆筒形印章可以追溯到公元前2300年左右，显示的是苏美尔人的神恩基（图右二），水从他的肩膀上喷出来，中间是太阳神乌图（Utu）从有翅膀的女神伊南娜脚下的深渊中升起

巴比伦马尔都克的主要寺庙是埃斯吉拉神殿（Esgila temple），山顶上有一座埃特梅南基金字形神塔将马尔都克供奉起来。

伊南娜（Inanna）

伊南娜是苏美尔这片土地上最重要的女神和王后。她是一位丰收女神，她用她的"血夜"充满了世界的河流和泉水。据说每个国王都是她的新郎。赫梯人（Hittites）称她为印娜拉（Inaras）。关于伊南娜的神话比其他任何神都要多，包括她进入冥界挑战她的姐姐亡灵女王艾莉夏奇加（Erishkigal）的故事。

伊什塔尔（Ishtar）

伊什塔尔是巴比伦语中的"星"，也被称为"世界之光"，是战争和爱情的女神。她是一位伟大的女神，圣经中提到的亚斯他录、亚舍拉、亚拿特和天后都是她的别称。作为阿卡德的丰收女神，伊什塔尔在中东以各种不同的名字受人崇拜，并带动了人们对其他女神的崇拜，比如闪族女神阿施塔特（Astarte），还有西布莉（Cybele）、阿弗洛狄忒和富有同情心的妓女哈尔（Har）女神。

在巴比伦和亚述人的宗教中，伊什塔尔是丰收女神。她是古代大母神的化身

纳布（Nabu），巴比伦神话中掌管文字和智慧的神

土耳其哈兰，月神庙遗址上的塔和拱门

太阳神沙玛什在他神殿的宝座上

纳布

纳布是掌管文字和智慧的神。他是马尔都克的儿子，巴比伦人和亚述人都尊敬他。他的象征物是一块黏土泥板和一支笔。他在圣经中被称为"纳波"（Nebo）。

辛（Sin）

辛又被称为南那（Nanna），是阿卡德的月亮之神，也是太阳神沙玛什（Shamash）之父。他的象征物是新月。他经常被描绘成一个留着飘逸胡须，头上戴着四只角和一弯新月的长者。

沙玛什

沙玛什是阿卡德的太阳神，经常被描绘成一个有羽翼的太阳圆盘。沙玛什与辛、伊什塔尔一起形成了巴比伦的太阳、月亮和星星三位一体。沙玛什拥有战胜黑暗和邪恶的光明力量。这样，他就成了掌管正义和公平的神，凌驾于众神和人类之上。晚上，沙玛什就

成了冥界的法官。人们相信，汉穆拉比就是从沙玛什那里得到的法典。他被描绘成有时驾着战车、有时划着小船、有时骑着马，在天空中驰骋。

迦南/叙利亚/黎凡特

《圣经》中提到的这个地区的一些古老的神。

巴尔（Baal）

巴尔是生育之神，所以他也有许多头衔。他经常被称为"地球之主"，但在腓尼基语中，他被称为"天堂之主"。这反映出他作为风

一尊镀金的巴尔铜像

暴之神和雨露之主的形象，也就意味着他对这个地区的农业至关重要。他有时被称为"骑在云端的人"。

根据传说，巴尔必须与死神莫特（Mot）交战，以决定世界将会经历七年的繁殖期，还是会遭遇干旱和饥荒。

伊朗

在伊朗琐罗亚斯德教之前，密特拉（Mithra）是太阳神，同时也代表了正义、契约、责任和战争。在罗马帝国，他被称为密特拉神，从公元136年起，他成为士兵之神，是神秘崇拜的中心。他受到皇帝的推崇，因为密特拉教也包含了对统治者的忠诚。然而，当基督教在罗马帝国传播时，对他的崇拜就不复存在了。

密特拉雕像，古代波斯的光明之神，被安置于罗马万神殿

我们将通过仁爱来发展和培养心灵的解放。让仁爱成为我们的载体，成为我们的基础，稳定它，使它稳定下来，在其中锻炼我们自己，并充分完善它。

——佛陀

一尊做着驱除恐惧手势的坐佛雕像

当养尊处优、享有特权、备受呵护的印度王子乔达摩·悉达多（Siddhartha Gautama）有生以来第一次离开家族的皇家宅邸时，他对自己所目睹的苦难深感震惊。作为一个成年人，他从未见过疾病、衰老和死亡。

当他了解到这些都是无法避免的，也是人类难以逃脱的命运时，他开始探索关于人类苦难的更多知识。他决定成为一个无家可归的僧侣，并向圣人寻求智慧。有人建议他苦行，过一种严格自

乔达摩·悉达多王子成为击剑、摔跤和射箭的冠军

中国绢画上描绘的乔达摩·悉达多王子遇见一个老人和一个病夫的场景

约前565　佛陀诞生。

约前486　佛陀圆寂。

约前260—前232　阿育王批准由位于桑吉的砖砌大佛塔专门保存佛陀的遗物。

律和克己的生活。这并没有给乔达摩带来对自我或痛苦的特殊理解。也有人建议他冥想，但他发现，即使是深度的冥想状态也不能让他逃离痛苦的世界。所以他选择了中庸之道，既不禁欲也不奢侈。

印度菩提伽耶（Bodhgaya）的一棵神圣的菩提无花果树，佛陀就是在这棵树下开悟的

开悟

有一天，乔达摩在印度巴特那（Patna）附近菩提伽耶的菩提树或者菩提无花果树下冥想。他终于开悟了，明白了存在的真谛。于是他成了佛陀，也称"开悟者"或"觉醒者"，他用余生来传道，致力于引导他人开悟。

他的启示将他从印度教徒所信仰的轮回和尘世的苦难中解放出来，因此当他死去时，他逃离了物质世界，进入了极乐世界。他的一些追随者也开悟了，但选择在人间重生来帮助他人，这些人被称为菩萨或圣人。

佛教教义

佛教信仰可以总结为四谛，也称为佛法：

- 苦难是人生中不可避免的一部分
- 苦难是有原因的
- 原因是人类渴望改变
- 如果欲望可以消除，痛苦也可以消除

八正道可以消除欲望：

- 正见与正思维（智慧）
- 正语、正业以及正命（道德行为）
- 正精进、正念以及正定（心智发展）

实践这些美德可以开悟，就像佛陀所经历的那样，从尘世的痛苦中解脱出来，进入涅槃（Nirvana）境界。

佛教分为许多派别，一些主张完全脱离世俗世界，另一些建议冥想或念诵（吟唱），向不同的菩萨祈求帮助。

佛教不只是对神灵的崇拜，而更多的是一种人生哲学。

一尊泰国十八手观音雕像，代表佛教的慈悲、怜悯和护佑

缅甸蒲甘附近乡村的古老佛塔

佛教传教士沿着丝绸之路或乘船沿东南亚海岸进行传教。佛教往往与当地的宗教融合，例如在中国，其寺庙成为祖先拜祭的中心，富有同情心的女性保护神观音菩萨，成为民间受欢迎的神灵。禅宗（Zen Buddhism）发源于中国，以专修禅定为主，主张见性成佛。与此同时，藏传佛教（Tibetan Buddhism）向另一个方向发展，使用了转经筒和曼陀罗（mandalas，象征性的图像），强调密宗（Tantra）和身体修行。

佛陀开悟的地方是现在的摩诃菩提寺（Mahabodhi Temple），里面还有佛陀曾经坐过的菩提树的后代。这里被视为一个重要的朝圣地。其他的朝圣地也可以是非常简单的佛教建筑，比如佛塔或圆顶墓冢，在那里，佛教徒可以冥想苦难与死亡。

《罗摩衍那》(*Ramayana*)是一部史诗,讲述了神圣的王子罗摩(Rama)从多头恶魔国王罗波那(Ravana)手中夺回妻子悉多(Sita)的故事。与《摩诃婆罗多》一样,《罗摩衍那》是人们探索印度早期历史的基础。

《罗摩衍那》共七卷,约24000 颂(一颂两行),描绘了几个理想的人物和关系:理想的夫妻之爱、理想的兄弟之情、理想的君王、理想的王国。

《罗摩衍那》还包含许多其他代表模范行为的神话和故事。罗摩自己示范了佛法或正道。

《罗摩衍那》最早的文字大约可以

《罗摩衍那》

第一卷书

阿约提亚王公十车王(Dasharatha)有三个妻子,罗摩是他四个儿子中的一个。每个儿子都有毗湿奴神的某些特质。毗湿奴生来就是为了对抗恶魔国王罗波那。罗波那只能被凡人打败。罗摩十六岁时被一位圣人选中,命他去与破坏祭祀仪式的恶魔战斗。后来,罗摩和他的兄弟罗什曼那(Lakshmana)获得超自然的力量并消灭了恶魔。

米提拉国王迦那卡颁布法令,如果有人能拿起湿婆赐给他祖先的弓,这个人就能娶他的女儿悉多为妻。

罗摩举起了弓,并娶了悉多,他的三个兄弟则娶了悉多的三个姐妹。

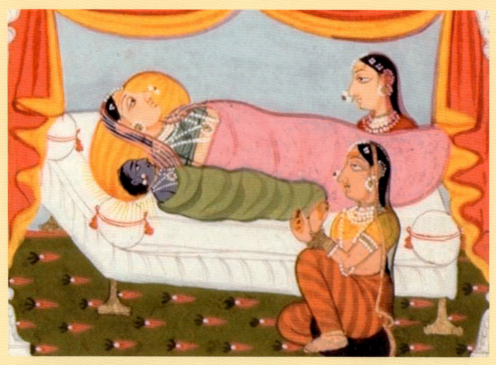

罗摩出生于阿约提亚的皇家宫殿

追溯到公元前7—前4世纪之间，后期的文本可以追溯到公元前3世纪。

罗摩是印度最受欢迎的神之一。他转世的目的是向我们展示正道或佛法，而许多人相信，阅读或聆听《罗摩衍那》会带来福祉，也能摆脱罪恶。

《罗摩衍那》的场景被展示在印度各地的雕塑、绘画和青铜器上。这部史诗对整个印度次大陆以及东南亚的文学艺术都产生了深远的影响。

前500 印度史诗《罗摩衍那》是根据更早的口头传说写成的。

第二卷书

12年后，十车王宣布他想为他的继承人罗摩加冕。罗摩成为摄政王的加冕礼已经准备就绪了，但是曼塔拉（Manthara）——一个邪恶的侍女，她毒害了十车王第二任妻子吉迦伊（Kaikeyi）的心灵。几年前，吉迦伊救了十车王一命，十车王答应满足她两个愿望。现在吉迦伊要求她的儿子婆罗多（Bharata）成为继承人，同时罗摩要被流放14年。十车王信守诺言，勉为其难地同意了。罗摩谦恭地接受了这个决定，在悉多和他的兄弟罗什曼那的陪伴下，来到森林里生活。罗摩试图说悉多留在王宫，但悉多坚持要和罗摩在一起。悲痛欲绝的十车王含恨离世。婆罗多不愿从这种局面中获利，他将罗摩的凉鞋放在宝座上，以示对罗摩摄政王身份的认可。

罗摩和他的三个兄弟与迦那卡国王的四个女儿成婚

第三卷书

13年后，罗摩、悉多和罗什曼那在戈达瓦里河边定居。他们与恶魔国王罗波那相貌丑陋的妹妹发生了冲突，罗波那绑走了悉多。兄弟俩出发去寻找她，一路上遇到了形形色色的人和魔鬼。

第四卷书

罗摩和罗什曼那遇到了神猴将军哈奴曼（Hanuman），哈奴曼得知悉多被囚禁在斯里兰卡的一个岛上。

第五卷书

这卷书对哈奴曼的功绩进行了详细的描述。他施法变出庞大的外形，飞到斯里兰卡，在那里他遇到了恶魔，并找到了悉多，但悉多拒绝和他一起离开，说罗摩必须为她报仇。

罗摩假装被罗波那俘虏，在逃跑之前给罗波那讲授佛法。

第六卷书

这卷书讲述了罗摩和罗波那之间的战争，以罗摩杀死罗波那告终。

罗摩让悉多以一次"火的考验"来证明她的贞洁。火神阿格尼将悉多毫发无伤地从火中救出。

他们回到阿约提亚，在那里罗摩被加冕，用理想的道德统治一个完美的王国。

罗摩离开阿约提亚流亡了14年

斯里兰卡之战

玛格纳（罗波那之子）使用纳格帕什（一种魔法武器）使罗摩和罗什曼那失去意识

受伤的罗什曼那由苏珊娜医生护理照料

第七卷书

　　最后一卷书强化了罗摩作为毗湿奴转世的概念。罗摩的行为对强化种姓制度，确保婆罗门的福祉颇具影响力。

　　罗什曼那屈服于圣人杜尔瓦萨（Durvasa）的诅咒，自愿走向死亡。罗摩并没有从中干涉。

　　作为一个国王，罗摩绝对无可非议。关于悉多纯洁性的谣言，是因为她和另一个男人住在一起，导致罗摩将她驱逐出去。圣贤蚁垤仙人（Valmiki）把她藏在森林里他的隐居处，在那里她生下了罗摩的双胞胎男孩——拉瓦（Lava）和库沙（Kusha）。他们在成长过程中对自己的血统一无所知。

　　蚁垤创作了《罗摩衍那》，并教拉瓦和库沙唱颂。男孩们在罗摩举行的仪式上唱了《罗摩衍那》，当罗摩听到悉多被流放的消息时，他悲痛欲绝。悉多从蚁垤的隐居处走出来，她召唤大地母亲。大地裂开了一道缝，悉多一跃而入。罗摩也知道了拉瓦和库沙的身份。

　　若干年后，一位神的使者来拜访罗摩，告诉罗摩他转世的时代结束了。罗摩升入天堂与毗湿奴重聚。

悉多被火神阿格尼解救

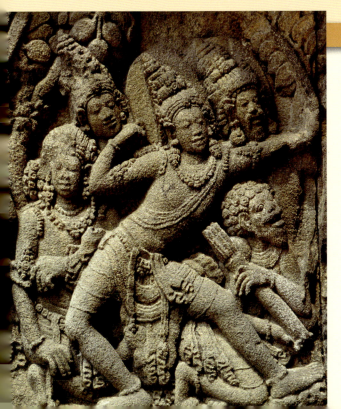

描绘罗摩的爪哇墙壁浮雕

评注

许多学者认为，第一卷书和最后一卷书都是后来添加到文本中的。正是在这两卷书中，明确指出罗摩即毗湿奴，并且根据后来的神学体系，毗湿奴是以人的形态存在的。最后一卷书还解释了早期书中所说的事情，在那里我们看到了生命被过去的行为所支配。

《摩诃婆罗多》是世界上最长的史诗，由十万余颂组成。它的名字是用梵文写成，意思是"伟大的婆罗多王朝史诗"。

《摩诃婆罗多》是一部佛法或正义纲要，展示了责任、权利、法律、行为和美德。吠陀的仪式、对神的崇拜和朝圣都包含在经文之中。第三卷"森林之书"写了圣人对英雄的教导，而第十二卷"和平之书"给出了一个道德问题。

这首诗的重点部分是班度家族（Pandavas）与他们的堂兄弟，持

《摩诃婆罗多》激发出了许多不同形式的伟大艺术

国（Dhritarashtra）的儿子俱卢兄弟（Kauravas）之间的一场大战。持国是库鲁国人的国王（Dhritarashtra, King of the Kurus），而班度家族则是班度的五个儿子和他的两个妻子。每个家族都有一个库鲁王国王位的继承人。

班度家族最终赢得了库鲁克舍特拉之战（Battle of Kush Kurukshetra）的胜利，这场战争彰显了友谊与亲情、责任与家庭忠诚之间的冲突。文本以班度升上天堂和克里希那的死亡作为尾声。

经文是克里希那早期崇拜的源头，虽然他自始至终没有被定义为神，

班度与德罗波蒂（Draupadi）

班度五兄弟都娶了同一个女人——德罗波蒂。他们真正的父亲是各路神灵，而班度遭到诅咒：如果他有了云雨之事就会一命呜呼。

班度五兄弟和他们的妻子德罗波蒂

班度家族与俱卢兄弟的军队短兵相接

但他是一个英雄，并非教神毗湿奴重要的转世之一。克里希那帮助班度家族重新收回他们的王国，并且揭示了《薄伽梵歌》，披露了他作为至高无上的神的地位。克里希那的故事在他的青年故事中得到了延伸，这个主题对艺术产生了重要的影响。

湿婆在许多神话中也被视为至高无上的神，尤其是在他与英雄阿朱那（Arjuna）的战斗中。

《薄伽梵歌》是《摩诃婆罗多》的一部分，也是印度教最重要的宗教文本。它由十八章组成，名字有"上帝之歌"的意思，描述了自我实现、救赎、从无知中解放出来和轮回的途径。这些途径包括行为的自律、行善的无私、禁欲主义者退出俗世进入沉思和反省之中，以及寻求知识。它也讨论了敬拜一个人格化的神的戒律，通过寻求神的异

《摩诃婆罗多》讲述的众多故事之中的一个，达沙萨娜试图羞辱德罗波蒂

यदा यदा हि धर्मस्य ग्लानिर्भवती भारत ।
अभ्युत्थानमधर्मस्य तदाऽऽत्मनं सृजाम्यहम ॥

《薄伽梵歌》中克里希那和阿朱那一起参战的场景

象能够从这个世界的束缚中解脱出来。

　　这种对印度教崇拜的全新着重点非常重要，其重要性一直持续到现在，导致吠陀众神在很大程度上丧失了原有的地位。

　　虽然《摩诃婆罗多》是对佛法或恰当行为准则的阐述，但它也表明，以某种方式不违反这些复杂的准则似乎是天方夜谭。它还提出了一个问题：战争造成的痛苦是否可以得到辩护。公正的手段、公正的原因、公正的对待俘虏都被考虑在内。《薄伽梵歌》还为种姓制度强调按照出身分配的各种职责提供了强有力的理由。

　　总的来说，《摩诃婆罗多》既是一部宗教著作，也是一段历史，尽管其中记录的重要历史事件至今尚无定论。它被视为公元前400—公元200年之间印度教发展的一个重要文本。在这段时期，从吠陀祭祀到印度教不同教派都发生了转变，这种转变同样发生在与佛教和耆那教的交流上。

塞琉西时期的一块行政石碑，上面刻有印章

公元前312年建立的塞琉西王国（Seleucid kingdom），是亚历山大大帝时期逐渐发展起来的最大城邦，它延续了西亚和中亚大片地区的希腊化进程。希腊语成了政府、外交和文学中使用的官方语言，希腊移民在整个地区定居下来，把他们的文化和宗教带到这里。叙利亚的安提俄克（Antioch）建立，而位于伊朗东部和阿富汗北部的巴克特里亚

（Bactria），也就是当年亚历山大大帝的马其顿士兵驻扎的地方，成了希腊人的主要定居点。

塞琉西一世，也就是第一位塞琉西皇帝，很快就面临帝国边界被侵犯的威胁。在远东，旃陀罗笈多·孔雀在印度建立自己的帝国，开始逐渐蚕食塞琉西的领土。公元前305年，塞琉西同意将亚历山大大帝在印度次大陆（包括兴都库什山脉以及今天阿富汗和巴基斯坦东部的大部分地区）竭力争取的大部分领土割让给旃陀罗笈多。作为回报，塞琉西获得了许多战象来巩固他在西部的军队。

在塞琉西继任者统治时期，安纳托利亚的卡帕多西亚、比希尼亚、蓬托斯（Pontus）和帕加马（Pergamon）等更多地区都脱离了统治，并且很快获得了独立。然后，中亚的巴克特里亚、索格底亚

塞琉西一世——亚历山大大帝的将军之一，他控制了亚历山大在西亚的领土并建立了塞琉西帝国

塞琉西帝国的安条克大帝三世

那和帕提亚的政权分裂了。塞琉西王朝并没有享受多少风平浪静的日子。他们经常与西方的托勒密王朝交战，并定期发起行动，试图将分裂出去的省份重新夺回来，也取得了不同程度的胜利。

公元前190年，正当帕提亚帝国在伊朗东北部日益强大的时候，在安条克大帝三世（Antiochus III, the Great）的统治下，塞琉西王朝试图收回亚历山大大帝在希腊的领土。过度扩张使他们和势力与日俱增的罗马发生冲突，并在马格内西亚战役（Battle of Magnesia）中被罗马人征服。作为赔偿，安条克失去了他在金牛座山脉以西的安纳托利亚的所有土地。随着帝国东部帕提亚人（Parthians）的扩张，塞琉西在叙利亚沦为一个残败的城邦，直到公元前64年，罗马将军庞培（Pompey）终结了塞琉西王朝。

前312 塞琉西帝国建立，控制着亚历山大大帝帝国的大部分亚洲地区。

前300 塞琉西人在叙利亚发现了安提俄克。波斯的塞琉西王朝将希腊士兵和殖民者转移到了今阿富汗的巴克特里亚，亚历山大大帝的一些士兵已经在那里定居。

前261 在阿富汗的巴克特里亚，希腊人脱离塞琉西王朝，宣布建立一个独立的希腊国家，从土库曼斯坦一直延伸到旁遮普。

前200 希腊-波斯塞琉西人打败埃及，控制了叙利亚和犹太。

前190 马格内西亚战役：罗马打败波斯的塞琉西王朝，罗马的附庸国占领了金牛座山脉以西的安纳托利亚领土。

前166 犹太的哈斯摩尼人开始反抗塞琉西统治。

前142 犹太从塞琉西王朝那里赢得了独立。

前129 塞琉西帝国崩溃。帕提亚人接管了巴比伦。

前64 罗马将塞琉西帝国在叙利亚和黎巴嫩的最后领土并入罗马帝国。

公元前190年的马格内西亚战役，罗马-塞琉西战争的最后一场战役

发端于公元前4世纪的中国法家哲学，是有史以来最专制的政治理念之一，这种学说认为统治者必须强大而坚定，并拥有对执法的绝对权力。法律应该人人皆知，并严格遵守，而且违法者应该受到严厉的惩罚。统治者应该有绝对的权威。

法家认为，这是建立一个强大国家的唯一途径，因为人类是受自私自利所驱动的，所以更需要严格控制。他们认

第一位皇帝

秦是中国战国时期（前475—前221）一个没有内战、相对较新的国家，所以秦统治者可以建立自己的政体，而不是依赖于长期的封建制度。但直到法家主义被采纳，它才成为主要强国之一。

当法家思想家、官僚主义者商鞅（前390—前338）离开魏国去寻找一个可以将其思想付诸实践的国家时，他在秦国找到了和他一拍即合的人选，当时的统治者秦孝公对于以此加强他的权威求之不得。他们一道将秦国改造成一台运转平稳、组织严密的"机器"。

毋庸置疑，他们首先强调的是法治和法令。商鞅坚持法律应该适用于所有人，无论他们的地位如何。这样一来他就触犯了昔日的王公贵族。随后，他说服秦孝公只将贵族头衔授予那些为国家效力的人，尤其是在战争中载誉而归的人。他加强了中央集权、统一了度量衡并强制服兵役，对农业生产给予鼓励。

秦国的发展蒸蒸日上，但在秦孝公死后，商鞅被心怀不满的贵族残忍杀害。

从那时起，秦国开始利用间谍活动、暗杀、贿赂和分而治之的政策来取得在诸国中的统治地位。而法家继续发挥作用，在公元前247年，法家思想家

李斯开始在秦国效劳。这种理念也被秦王嬴政所推崇，嬴政13岁时继承了秦国的统治，后来成为中国第一位皇帝——秦始皇。

中国的第一个帝制王朝也是时间最短的，从公元前221—前207年只持续了两任皇帝，但给后人留下了世界上两个伟大的文化遗产：兵马俑以及中国长城的一部分。

秦始皇，中国的第一位皇帝

为，人民所期盼的是增强国家及其统治者的权力。这种理念即是对一种信条的绝对严苛、有效的服从。

东周时期的青铜弩

早期的统治者使用国王的头衔（王），而在混乱的战国时期，中国分裂成了几个小王国，这意味着"国王"沦为一个被滥用的头衔。因此，统一中国的人给自己取了"皇帝"这么一个更大的头衔。虽然他的王朝并没有持续很长时间，但这位第一任皇帝建立的制度却持续了两千多年，使中国成为世界上文化延续时间最久的国家。

秦始皇的本名是赵政或嬴政。他出生于公元前259年左右，当时秦国已经是战国时期最强大的国家。

嬴政的母亲是一个有权势的商人吕不韦的爱妾，见钱眼开的吕不韦，密谋让嬴政的父亲庄襄王当上秦王。

公元前246年，年仅13岁的嬴政继承了王位，但他没有实权，直到公元前238年，已经成年的他组织了一场宫廷政变，才对国家有了统治权。他立即将一直担任国家首领的吕不韦放逐他国，处死了他母亲赵姬的情人嫪毐，并发动了秦国统一天下的军事行动。公元前221年，他的征战结束了。他昭告天下，自己成为中国皇帝。

嬴政所采用的名称为"始皇帝"。虽然早期的商周王朝统治着统一的国家，但他们的统治者称自己为王。皇帝的头衔是为远古神话中的统治者保留的，比如传说中的黄帝，据说他给中国带来了许多文明的标志。

但是，秦始皇生来狂妄自大而非谦逊卑微，并声称自己与过去伟大的神话人物拥有相同的称谓。残酷、专制，而且越发偏执的他建造了巨大的宫殿和一座非凡、宏伟的坟墓，并且生活得好像自己是一个半神圣、传奇的人物。他至少躲过了三次暗杀，为了避免其他袭击，他每天晚上都会睡在不同的房间里。

秦始皇和李斯一道建立起了一个强大的中央集权的官僚政府和军事组织。他们废除了分封制，取而代之的是由中央任命的官员统治地区制度——郡县制，统一了货币和度量衡。当然，还要求严格遵守皇帝的法令。他甚至对马车的宽度做出了规定。

他对征召大量的苦役从事修路、为他修建陵墓或长城等工程毫不在意，他还对违法者实施了严厉的惩罚制度，包括肢解、阉割、烙印，还有很多残忍的处决方式。

法家思想家、官僚主义者李斯

焚书

传说中的焚书堆遗址

秦始皇对术士寻找长生不老药特别感兴趣，但当他把术士召唤到朝廷时，儒生们都对这一想法嗤之以鼻。据传，秦始皇处死460名藐视朝廷的书生，然后在李斯的敦促下，他下令将自己御书房之外的所有与农业、医药、占卜或历史记载无关的书籍全都付之一炬。只有几部经典著作逃过了这场大火。然而，这很有可能只是后来关于他暴虐行为的诸多传说之一，而且他只是想让这些书远离公众的视线。

秦始皇死后约一百年，中国历史学家司马迁（前145—前90）描述了这座陵墓是如何建造的："……穿三泉，下铜而致椁，宫观百官奇器珍怪徙臧满之。令匠作机弩矢，有所穿近者辄射之。以水银为百川江河大海，机相灌输，上具天文，下具地理。以人鱼膏为烛，度不灭者久之。二世曰：'先帝后宫非有子者，出焉不宜。'皆令从死，死者甚众。葬既已下，或言工匠为机，臧皆知之，臧重即泄。大事毕，已臧，闭中羡，下外羡门，尽闭工匠臧者，无复出者。树草木以象山。"

直到20世纪70年代，农民们偶然发现了兵马俑，才有人相信司马迁的这些稀奇古怪的说法是真的。但是，狂妄自大的秦始皇这种出其不意的、非同寻常的表现，或许暗示着在这座墓葬里还会有其他重大发现。只是到目前为止，我们还无从知晓。这座巨大的陵墓只有一小部分被挖掘出来，所以谁知道在秦始皇长眠之地的土丘和田野之下还会留下什么奇迹呢。

西安秦始皇陵附近的一尊秦始皇像

秦始皇陵

秦始皇继承秦国王位的同时，就开始修建他的陵墓。但是直到公元前219年，他成为中国皇帝才下令对他的陵墓进行大规模建设。这个遗址在西安附近的一座山上，占地约20平方英里（50平方千米），他的巨大棺材被埋在这座建筑群中一个249英尺（76米）高的小山岗下。

秦始皇并不是独自下葬的。在他庞大陵墓的西侧，是那些被迫建造陵墓的劳工的墓地。而在另一个地区的"马厩"里，马匹被埋在马夫的陶俑旁边。墓地里有几个陷阱，用来防止盗墓者潜入。人们认为，那些不幸建造这些陷阱的人们最终也将自己埋进坟墓里，而且很可能是活着的时候被埋进去的。据

兵马俑

举世闻名的兵马俑被埋在巨大的坑之中，守卫在中央陵墓以东近一英里（约1.5千米）的地方。这支部队是为皇帝的来世而建造的，由大约8000个真人大小的兵马俑士兵、400匹兵马俑马俑和100辆战车组成，全部排成战斗队形。

这些雕塑是由头部、手臂、腿和躯干等不同部位组成的，用模具制作，然后组装起来，涂满油漆，然后按顺序摆放。人们使用了大约三十种不同的模型，以此呈现出逼真的头部细节，但每个模型都用额外的黏土手工制作，赋予了它们更多的个性，所以看起来都略有不同。皇帝掌控着全局：每个工坊都是为了在雕像上留下自己的印记，所以每个人物都可以追溯其制造地。

兵马俑最初被漆成了鲜艳的颜色，但随着它们暴露在空气中，颜料和漆器便很快脱落，这就是为何今天大多数现存的兵马俑看上去像毫无修饰过的。它们披坚执锐，其中许多武器已经被掠夺或腐烂，但幸存下来的一些仍然有着锋利的刀刃。

虽然兵马俑的制服款式繁多，但基本上只包括几种普通类型：

· 铠甲武士俑
· 空手防御的步兵俑
· 骑兵俑
· 车兵俑
· 持矛的车兵俑
· 跪式弓弩手俑
· 立式弓弩手俑

当然还有指挥官。秦始皇制定的森严的社会等级制度观念渗透到他的精神军队之中。士兵的地位越高，雕像就越高，所以指挥官比普通士兵高，而有单独指挥部的将军则更高。

说，总共约有70万名应征者为这座陵墓出过力。

整个建筑群的建造反映了秦始皇现实都城之中的等级结构。因此，围绕他的陵墓的是朝臣和宫廷官员的兵马俑，以及一些青铜战车和马匹。然后建造了一面内墙，外面重建了皇家公园，里面有乐师的青铜雕像以及各式各样的鸟类，比如天鹅和鹤。这个地区也有宫廷艺人的陶俑。

围绕着这面墙，建造了一堵外墙，外面是明显微不足道的部分，比如衙门和马厩。

秦长城

中国现存的大部分长城是明朝（1368—1644）建造的，但是主要位于黄河流域和中国华北地区的第一座长城修建的时间更早，始建于春秋战国时期，当时许多国家共同抵抗北方的入侵者。长城的这一小部分也确实流传了下来。

城墙不仅仅是抵御北方骑兵的防御工事，它们还阻止掠袭者轻易携带任何战利品再次北上，是领土的标记，并且对建造者的权力和实力做出了声明。

秦始皇统治时期，秦开始了第一个重要的造长城时期。成千上万的工人（或囚犯）被征召来加固北部边境现有的一系列城墙，连接各种不同的土木防御，并对它们进行扩建。在大约十年的时间里，它从东部的今辽宁省建到了内蒙古沙漠，绵延1500英里（2400千米）。

秦长城是一个包括驻军站和信号塔

北京附近的中国长城

在内的综合建筑。与后来的朝代一样，建筑者利用自然景观的特点来助力防御工事，狭窄的通道、陡峭的山脉和深深的峡谷都被纳入设计中，使长城更像是一道屏障。

平原上最早的城墙仅仅是夯实的泥土，有时还掺有少量砾石以增加坚固性。它们是用泥土填充一个简单的木制框架，然后夯实压紧，便是一层。另一个框架被放在上面，所以墙一层又一层垒起来。像这样的夯土可以抵挡诸如箭、剑、矛之类的武器，但在山区，粗糙的石头只是简单地堆积起来形成一道屏障。

如今，中国的长城堪称世界建筑的奇迹之一，它是有史以来最长的建筑，蜿蜒曲折横跨华北4163英里（6700千米）。数以百万计的工人在建造过程中死亡，因此它也被称为世界上最长的墓地。

秦国的终结

秦始皇自诩他的王朝能延续一万代，而事实上连三代都没有持续下来。公元前210年他驾崩之后，他的子嗣们面临着来自四面八方的反抗。首先，被征服国家的执政家族成员感觉到秦朝的软弱无能，开始试图重新确立他们的地方权威。其次，大量的士兵叛逃，组成了土匪军队，削弱了国家的军事控制。最后，秦始皇的继承者们面临着中国农民的第一次起义。最后，正是这些农民领袖之一刘邦打败了秦，并在公元前206年建立了一个伟大的王朝——汉朝。

遗产

秦始皇之所以将帝国维系在了一起，部分原因是他坚毅的个性使然。与他相比，他的继任者略显软弱无能，既不能把自己的意志强加给旧式的封建派系，也不能控制人民起义。公元前206年，秦朝灭亡，帝国家族的其余皇室成员也都惨遭杀害。后来的汉朝采用了儒家学说，批判法家思想，因此强调了始皇帝残暴的一面。他残酷而专制，但他建立起来的官僚和行政系统仍然是中国以后所有朝代的基础。

"中国"（China）和"中国的"（Sino）

秦在旧式音译方式中被拼写为"Ch'in"，也正是出于此，它的名字被命名为"中国"（China）。阿拉伯语的"Sin"被认为是拉丁语前缀"Sino-"的起源，意为"中国的"，用于研究中国。"汉学"（Sinology）即是对中国问题的研究。

古代亚洲的伟大女性

纵观历史，绝大多数统治者、将军、宗教领袖和政治家都是男性，而历史上记录他们的观念和行为的通常也是男性，女性的生活和成就往往被忽视。

在古代亚洲，即使扮演重要角色的女性，她们的名字也可能没有被历史记载。譬如，一些为了巩固和平而远嫁匈奴的中国公主。但她们的匈奴丈夫的名字却可能被载入史册。

乌尔城的普阿比（Puabi）

普阿比是苏美尔乌尔城的一名女祭司或皇室成员，因其宏伟的陵墓而闻名。

她的骨骼告诉人们，她身高不足5英尺（1.5米），大约在40岁时去世。据说她生活在公元前2500年左右，也就是乌尔第一王朝之前。

普阿比生前有着举足轻重的地位。在她死后有若干仆人被献祭，与她一起合葬，其中包括保镖、女仆以及一匹马和一些狮子。她的坟墓没有被盗墓贼破坏的迹象，所以陪葬品被发现的时候完好无损，包括华丽的黄金头饰，黄金、白银、玛瑙和青金石首饰，带有银器装饰的战车，竖琴和黄金餐具。

乌尔城的普阿比

苏美尔女王库巴巴

历史记载的第一位女性统治者，即公元前2400年左右的苏美尔女王库巴巴，她也是苏美尔王表上唯一的女性。

诸多编年史记载，她是其所在王朝的唯一统治者，不过也有一些编年史记载，库巴巴家族包括她的儿子和孙子，继续统治了基什的第四王朝。

据史料记载，库巴巴在一家酒馆工作时，由于她的虔诚，巴比伦的保护者马尔都克神授予她"统治整个世界的主权"。她在位统治期间正值城邦欣欣向荣之时，后来她成为保护迦基米施城的守护女神。

苏美尔女王库巴巴

阿卡德帝国的恩西杜安娜
（Enheduanna）

恩西杜安娜是世界上第一个有姓名记载的作家，她是一位在公元前2285年出生于美索不达米亚的诗人和女祭司。她的父亲是阿卡德的萨尔贡——世界上第一个建立帝国的人，她的母亲可能是来自美索不达米亚南部的苏美尔女祭司。

恩西杜安娜是乌尔城月亮神南那的女祭司，但她流传下来的五部作品中有两部是歌颂丰收女神伊南娜的赞美诗。"像那升起的月光，她穿得多么华丽的装！"她还写道："（致）我被美丽环绕的爱人，伊南娜！"还有一部作品是一组献给圣殿的赞美诗。

人们认为，身兼公主、女祭司和诗人身份的恩西杜安娜可能激发了美索不达米亚列出最高女祭司名字的传统。她于公元前2250年与世长辞。

约前2400 世界上第一位女性统治者是苏美尔的库巴巴女王。

约前2285—前2250 有生平记录的第一位作家是阿卡德诗人、女祭司恩西杜安娜（萨尔贡的女儿）。

前811—前806 亚述唯一的女性国王，萨穆-拉玛特或塞米勒米斯，以其子摄政王的身份统治城邦达五年之久。

约前76—前67 哈斯摩尼王后撒罗米·亚历山德拉统治犹太，这个时期被称为"犹太人的黄金时代"。

约267 帕尔米拉的季诺碧亚女王建立了帕尔米伦帝国，后来反叛罗马。

约272 帕尔米拉被罗马占领，帕尔米伦帝国终结。

古代苏美尔人描绘恩西杜安娜的浅浮雕肖像

妇好，第一位女性军事领袖

　　妇好夫人是中国商朝皇帝武丁（？—前1192）的妻子之一，商朝在武丁统治时期达到了顶峰。妇好是中国古代唯一的，同时也是世界上第一位女将军。而且对于女性而言不同寻常的是，她还是一位有权控制自身财产的女政治家。

　　妇好曾率领一支13000人的军队打败了商朝的宿敌之一，并通过谈判缔结了和平条约。她的成就被记载在甲骨文之中，也因其在商朝的最后一个都城安阳的陵墓而为人所知。尽管以商朝王室的标准来看，她的陵墓相对较小，但仍然非常奢华，而且由于这是一座没有被盗的陵墓，所以使人们得以窥见商朝的世界以及当时统治阶层所享的荣华富贵。

　　据考证，妇好的墓可以追溯到公元前1200年，整个墓葬南北长18英尺（5.6米），东西宽13英尺（4米），内有468件青铜器、775件玉器以及6000多枚用作货币的贝壳。在她的涂漆棺材下面埋葬着六条狗，在墓穴的边缘又发现了16具殉葬的人体骸骨。

妇好夫人

底波拉，以色列的士师（Deborah，Judge of Israel）

"士师"是以色列人民领袖的称谓。根据传说，先知底波拉以士师的身份生活于公元前1107—前1067年，但有些考古学家认为她的生卒年份比这个时间前后相差了100年左右。

《圣经》中记载了底波拉的军队如何在他泊山击败了迦南人，并举行仪式庆祝。

犹太领袖底波拉以凯旋之歌庆祝胜利

另一方面，在苏美尔，最高女祭司的角色颇为重要，就像在王表中一样，如果她们的作品没有全部流传下来，至少会有一张列有她们名字的清单。因此，尽管困难重重，仍不乏一批性格坚毅、充满智慧的女性留下了自己的印记，并影响了古代世界的进程。其中就包括世界上第一位被载入史册的作家和第一位女将军。

塞米勒米斯

　　萨穆-拉玛特，希腊人称之为塞米勒米斯，尽管她在公元前811年是以其子摄政王的身份统治了亚述帝国，但她确实是统治亚述帝国的唯一女性。她的丈夫曾与桀骜不驯的哥哥进行决斗，所以她接管的王国是一盘散沙。塞米勒米斯稳定了亚述的局势，带着她年幼的儿子继续征战（这对一个女人来说有着不同寻常的意义），而且正如当时的碑文所示，她赢得了人民的尊敬，五年后儿子长大成人，她也在那时交出了政权。亚述的一块石碑是献给"萨穆-拉玛特，沙姆希阿达德女王，宇宙之王、亚述国王阿达德尼拉里的母亲"。

　　从那时起，塞米勒米斯成了传奇。许多世纪后，希罗多德和狄奥多罗斯（Diodorus）等希腊作家将她的故事浪漫化。他们声称她建立了巴比伦城并入侵了印度。事实上，她因为巩固和统一王国以及身为一名女性统治者而被人们所铭记。

亚述的塞米勒米斯和巴比伦的空中花园

哈利卡纳苏斯王后，阿尔特米西亚一世
（Artemisia I，Queen of Halicarnassus）

公元前480年，在薛西斯统治下，阿尔特米西亚指挥着波斯舰队中的五艘船入侵希腊。希腊历史学家希罗多德曾记载，尽管在萨拉米斯战役中战败，但她表现出色，随后又建议薛西斯进行战略性撤退。

她不仅统治着哈利卡纳苏斯（Halicarnassus，今土耳其的博德鲁姆），还统治着尼西罗斯岛、卡利莫诺斯岛和科斯岛。

后来一位同名的女王在哈利卡纳苏斯建造了陵墓，成为古代世界七大奇迹之一。

哈利卡纳苏斯王后阿尔特米西亚

撒罗米·亚历山德拉（Salome Alexandra）

公元前142年，哈斯摩尼家族（或马加比家族）带领犹太人从波斯的塞琉西王朝中独立出来。但哈斯摩尼国王最终陷入暴力与腐败之中。然后，在公元前76年，国王亚历山大·占尼士（Alexander Janneus）的遗孀撒罗米·亚历山德拉成为女王，并统治了一个短暂的黄金时代。她结束了内战，统一了国家，允许法利赛人（Pharisees）——普通民众的宗教党派成为古犹太最高评议会兼最高法院（Sanhedrin）的一部分，以此巩固了国家的权威。在此之前最高评议会是由撒都该人（Sadducees）或圣殿牧师管理的宗教法庭。

撒罗米·亚历山德拉的社会改革还有对所有儿童实行初等义务教育。她深知，犹太王国被势力强劲、充满野心的民族包围着，所以她要以己之全力将其建设成为一个更强大、更团结的城邦。

撒罗米·亚历山德拉

当她在公元前63年去世时，她在国家中的凝聚力也随之消失。她的两个儿子之间爆发了内战，不约而同地向罗马请求支援，罗马不但没有提供帮助，反而吞并了这个衰弱的国家。

季诺碧亚

季诺碧亚（Zenobia）是叙利亚富饶的贸易城市帕尔米拉的一位善战而野心勃勃的女王。她于公元269年宣布脱离罗马帝国而独立，并将她的王国扩张为一个帝国。她亲自骑马指挥军队。

然而，罗马进行了反击。公元272年，季诺碧亚被皇帝奥勒良（Emperor Aurelian）俘虏。她戴着金链条在罗马城游街示众，但她后来活了下来，嫁给了一位罗马参议员。

季诺碧亚女王在她的士兵们中间高谈阔论

　　从公元前209年到公元93年，蒙古草原上的游牧匈奴骑兵一直是中国的眼中钉。他们组成了一个庞大的联盟，经常袭击中国并扰乱中亚社会。中国最初修建起来的长城就是为了阻止匈奴的入侵，但收效甚微。强大的突袭部队可以绕过甚至占领长城。除了长城，中国人还尝试了惩罚性远征、缔结条约和通婚，但这些都无济于事。

　　公元前2世纪，匈奴向西进攻，袭击了月氏牧民。接下来，月氏人开始寻找新的牧场，迁移到西部，然后通过巴克特里亚向南进攻，打败希腊-巴克特里亚人，继而到达印度西北部。在那里，他们建立了贵霜帝国（Kushan Empire）。

　　最终，经历过一系列内战之后，

约前209　蒙古的匈奴游牧部落聚在一起成了匈奴联盟，开始定期入侵中国。

约前200　中国试图击败蒙古匈奴，但被打败，双方以长城为界划分了各自的领土。

约前150　匈奴人越过长城，控制了黄河以北的中国。

约前121　中国击退匈奴，并将他们推向了戈壁沙漠的北部。

约前48　蒙古的匈奴邦联实力日渐削弱，最终瓦解分裂。

面对崛起的中国汉朝，匈奴联邦解体了。一些北方部落向西迁移，几个世纪后，人们认为他们可能是匈奴人，由公元前5世纪统治欧洲的阿提拉（Attila）领导。

霍去病将军死于公元前117年，他的墓上矗立着一尊名为"马踏匈奴"的雕像。霍将军生前曾大胜匈奴

公元前206年刘邦推翻了秦朝，他将自己的新王朝命名为"汉"，后世称其为高祖皇帝。他照搬了秦朝的中央集权制，任命官员来管理地区，但与秦朝不同的是，他鼓励学术和文化知识。汉朝继续使用了秦统一时的度量衡和钱币。

汉朝抛弃了极权主义的法家哲学，接受了儒家思想。但它仍然强调个人服从和知晓自身在社会秩序中的位置，也强调孝道和个人美德。公元前140—前87年在位的汉武帝在首都长安（今西安）建立了太学来教授儒家学说，并对政府官员进行考试。从那时起，任何谋求公职的人都必须接受儒家教育。汉朝制定的选拔制度延续了整个"帝国时代"。

汉朝从它的都城长安开始，扩大了它在中国大部分地区的势力范围，并在整个东亚地区产生了深远的影响。这是一个充满活力的时代，在此期间，科学

公元前202年，刘邦凯旋进入都城长安

技术取得了一些重要进展。人类在这时发明了纸，制造出了世界上第一台地震仪，天文日历逐渐得到改进和完

汉长城

和大多数朝代一样，汉朝在原有长城的基础上修建了新的长城和延伸部分，尤其是为了覆盖向西延伸的全新的贸易路线。仅在今天的新疆地区，他们就修建了约600英里（965千米）的长城。

汉朝皇帝将长城延伸到中国西部的沙漠。建筑者出于独具匠心，通过建造一条护城河而不是一堵墙来应对这一具有挑战性的地形，但在这里仍然建造了有规律的木制烽火台。

在干旱的沙漠地带，工人们将水、

泥土和细砾石混合，再用芦苇、柳树和任何可用灌木的小树枝加固，然后将混合物捣实在木质框架中并晾干。当木架被移走时，就留下了一块坚固的泥土板。

汉朝的建筑者每隔15到30英里（24到48千米）就会竖起一座瞭望塔，可发出报警的烟雾信号，这速度比骑马的信使更快，以便在两座塔之间进行通信。他们就地取材，使用能找到的任何材料生火，包括狼粪。

刘邦推翻了秦朝，建立了汉朝

善，也正在此时，水钟和日晷开始被使用。丝绸之路上陆续展开了商业贸易，司马迁写出了一部重要的纪传体史书——《史记》。后世怀着崇敬之心回望汉朝，试图仿效它的成就。

中国长城的一部分建于汉代

中国汉代艺术

许多精美的中国工艺品最初都被用作装饰墓室和陪葬。商朝精致的青铜器皿、早期玉雕和陶器都被放置在坟墓中或用于宗教仪式，通常与祖先崇拜有关。

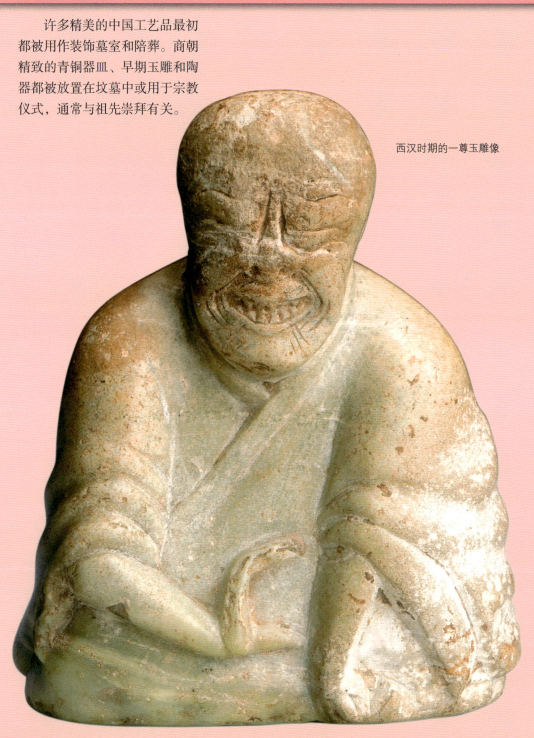

西汉时期的一尊玉雕像

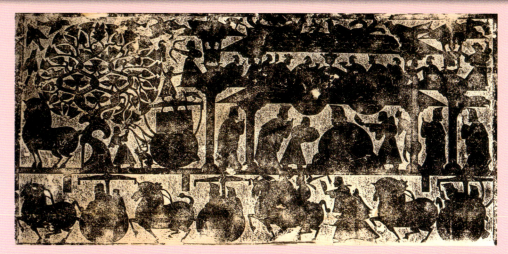

山东一座古墓墙上的雕刻展现出了汉代的艺术风格

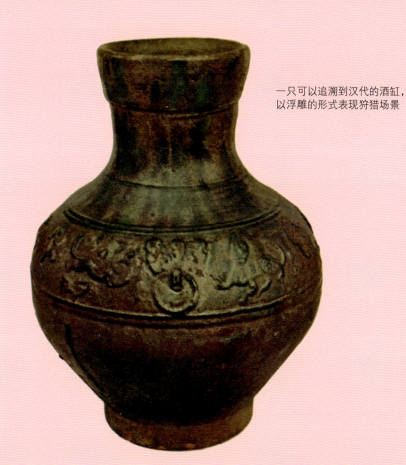

一只可以追溯到汉代的酒缸，
以浮雕的形式表现狩猎场景

帝国的象征

从汉代开始，龙，这种强大的、睿智的、富有活力的、勇敢的动物就象征着皇帝。它是男性或"阳"的象征，也代表着新生。龙还会被绣在皇帝的衣服上、旗帜上，并成为宫殿装饰的重要元素。帝王之龙有五个爪子，而其他皇室成员只能使用四爪龙。

同样，凤凰象征着皇后。凤凰是一种神圣而有灵性的生物，是一种神话中的鸟。因此，它代表着天意，也代表着幸福、美丽、和平、幸运和繁荣。

东汉时期的木雕鹤（或凤凰）

中国汉代艺术

大型挂轴源自汉代以后悬挂在坟墓中的条幅。第一座重要的石墓雕塑创作于汉代，当时陶屋模型也被置于坟墓之中。在汉代，人与动物的泥塑特别逼真，栩栩如生。中国绘画的两大主要流派——人物和花鸟（包括所有的动物题材）最初被当作墓饰。

第三种主要的绘画流派——风景画，在汉朝时期就已经为人所知，但在随后一段时期得到了充分的发展。

中国陶瓷有着悠久的历史。到公元前4000年左右的龙山文化时期，陶工们不仅使用了车轮，而且还设计出了独特的图案，这些图案在之后的时期又再次展现出来，比如商朝青铜器上的云雷纹。釉料是一种矿物涂层，是在汉代被引进的。随着时间的推移，釉料成为表现艺术形式的一部分，因为添加了不同的元素，可以产生微妙的幽暗或明亮的颜色，或显现出暗淡或斑斓的效果。

早在3000年前的周朝，就有关于使用漆器的规定。但正是在汉代，漆器工艺得到了完善，并被用于各种各样物品的精美装饰，包括马车、弓箭、碗、酒杯和礼器等。

随着丝绸成为汉朝的主要贸易项目，丝绸织造发展成为一个完整的产业。几何设计的材料和图案，或者以云和山为主题的作品都有着丰富的色彩，风靡一时。

汉朝还有大量其他的艺术，如金属制品、乐器、诗歌等。但是对中国人来说，最重要和最尊崇的艺术形式莫过于书法。书法家可以通过改变笔法，使每一个书写的文字都成为一件艺术品，从而展现出他的笔法与宇宙的和谐一致，用美和道德来激发读者的想象力和思维。各种笔法有着古雅传神且令人回味的名字，如"龙脉"或"雨滴"，意在传达出自然的一个方面。

中国庙宇中的龙雕像

一尊汉代的青铜雕塑，传说可以辟邪

罗马历史学家贾斯汀（Justin）在公元3世纪活跃一时，他曾迷茫困惑地写道，帕提亚是"东方所有民族中最难以理解的"。对希腊和罗马这样的强国来说，帕提亚帝国（Parthian Empire）是在公元前2世纪突然崛起的，而且占领了塞琉西帝国的大部分地域。

帕提亚人也被称为阿萨息人，源于众所周知的阿萨息斯一世（Arsaces I）是中亚帕尼部落（Parni tribe）的首领，他首先征服了伊朗东北部的帕提亚地区。在公元前171—前138年正值米特里达梯一世（Mithridates I）统治时期，帕提亚人开始扩张领土。他们打败了希腊的殖民地巴克特里亚，然后从塞琉西王朝手中夺取了米底和美索不达米亚这片古老的土地，并从伊朗的其他王国获取贡品。

在东部，帕提亚声称他们统治着远至印度河的土地，但是当匈奴联盟在中国北方开始扩张时，游牧民族被迫向西迁移，入侵了帕提亚的东北部地区。帕

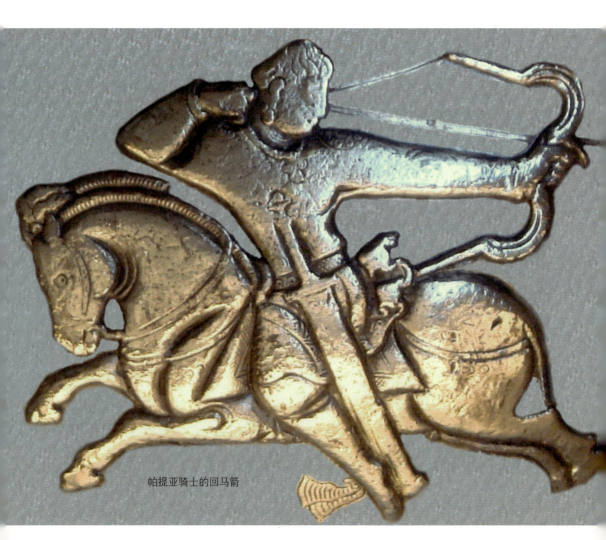

帕提亚骑士的回马箭

提亚不得不击退斯基泰人的入侵，这些人也被称为"塞克"。

虽然塞琉西人于公元前140年在德米特里二世（Demetrius II Nicator）的统治下进行了反击，但最终还是被帕提亚人俘虏了。从那时起，帕提亚占领了巴比伦的其余领土，塞琉西直到公元前64年被罗马人征服之前，只剩下叙利亚的一小块地区。

帕提亚人控制了中国和西方之间丝绸之路的一部分，他们通过向商队征税以及向沿途的商人出售自己的水果、香水和香料而获得财富。途经帕提亚的有丝绸、珍珠、铁、香料和玻璃器皿，等等。为了表示友好，公元87年，帕提亚的帕科罗斯二世（Pacorus II）把一些珍稀动物，如狮子和瞪羚，赠给了中国汉朝的章帝。

约前300 游牧的帕提亚人从北方进入西亚。

约前129 塞琉西帝国崩溃，帕提亚人占领了巴比伦。

前53 卡莱之战：帕提亚人彻底击败了罗马，俘虏约一万人。

97 中国特使甘英被派去访问罗马帝国。在波斯湾，他听信了帕提亚人的话——余下的旅程漫长而艰苦，于是返回了中国。

224 萨珊人接管了帕提亚。

卡莱战役（Battle of Carrhae）

在西部，帕提亚人不得不与持续扩张的罗马帝国划定边界，将亚美尼亚（Armenia）作为两者之间的缓冲国。经过几次军事冲突和失败的外交之后，双方在幼发拉底河达成了边界协议。

公元前53年，罗马撕毁了这一协议。当时叙利亚地方总督，也是罗马三巨头之中首屈一指的马库斯·李锡尼·克拉苏（Marcus Licinius Crassus）带领44000人向东侵入了帕提亚领土。

罗马正处于繁荣兴盛的发展之中，克拉苏很可能期望在卡莱（今土耳其的哈兰）与帕提亚的对阵中旗开得胜并赢得个人荣誉，但他的如意算盘打错了。帕提亚骑兵在马背上射箭的技术炉火纯青，不仅向前冲锋，还可以在逃离敌人的时候，佯装撤退，然后在马背上转身射击。

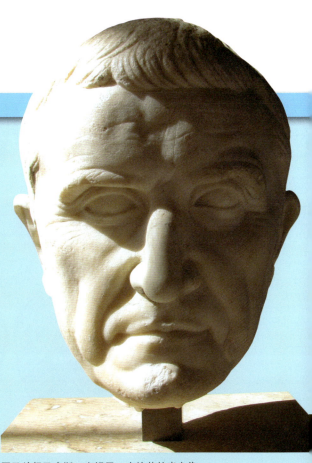

罗马总督马库斯·李锡尼·克拉苏的半身像

希腊的影响力

希腊对帕提亚地区的影响持续了一段时间。帕提亚硬币是在希腊铸造的，希腊殖民地仍然是重要的商业中心。但是除了巴克特里亚，希腊中心逐渐消失了。

阿尔撒息王朝的创始人阿萨息斯一世的一枚德拉克马银币，上面刻有他的希腊名字

铸有帕提亚米特里达梯一世头像的硬币。背面则是希腊英雄大力神手持狮皮、杯子和棍棒

铸有帕提亚国王帕科罗斯二世头像的硬币

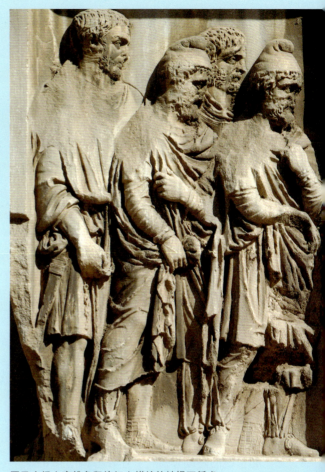

帕提亚纪念碑的一部分，展现出了与罗马人的战斗场景   罗马广场上塞维鲁凯旋门上描绘的帕提亚俘虏

众所周知的"帕提亚回马箭"（Parthian shot），很容易让人觉得这也是"临别一箭"说法的起源，但遗憾的是，没有证据表明这句话是出自帕提亚人之口。

包括克拉苏在内的约两万名罗马人在卡莱被杀，这有效地阻止了罗马帝国的东扩，并使骁勇善战的帕提亚人流芳百世。大约一万名罗马人被俘虏，据说，他们中的一些人后来以雇佣兵的身份在东亚参战。卡莱战役是罗马有史以来最失败的一次战争。

然而这并没有给卡莱带来持久的平静。尽管再也没有爆发一场规模相似的战争，但是罗马和帕提亚的紧张状态仍然存在。

与其说外部力量摧毁了帕提亚，不如说最终是它自己毁灭了自己。内战使这个国家元气大伤，以至于公元224年，伊朗法尔斯省的萨珊王朝接管了这个地区。

自从公元前332年，马其顿的亚历山大大帝征服了波斯帝国，希腊风俗也传入此地。这一过程在公元前176年塞琉西帝国的安条克四世的统治下，得到了强化。该帝国继承了亚历山大在西亚的统治。起初，塞琉西人平静地统治着希腊，没有试图将他们的信仰或习俗强加给他们，但安条克四世任命了身为希

哈斯摩尼

到公元前166年，犹太哈斯摩尼家族受够了强制的希腊化，发动了一场反对塞琉西王朝的起义，由玛他提亚（Mattathias）和他的五个儿子领导，包括马加比。他们占领了耶路撒冷，抛弃了希腊偶像，重建了圣殿。公元前142年，塞琉西人意识到他们已经失去了对这个地区的控制，撤出了最后一支军队。犹太王国赢得了独立。

撒罗米·亚历山德拉

尽管哈斯摩尼国王或马加比国王是解放者，但他们很快变得暴力和腐败，将法律掌握在自己手中，或者站在自己的立场阐释法律。他们在军事行动中犯下了暴行，并强迫被俘的人改变信仰。公元前104—前103年，犹太·亚里斯多布勒（Judah Aristobulus）为了夺取政权杀死了他的母亲和兄弟，反对哈斯摩尼暴政的内战爆发了，圣殿牧师、撒都该人、法利赛人（普通人支持的宗教党派）之间爆发了一场宗教战争。

公元前76年，亚历山大·占尼士国王的遗孀撒罗米·亚历山德拉登基。她急切地建设这个国家，使其能够抵御如罗马帝国这样强大的邻国，她结束了内战，终止了宗教战争，允许法利赛人成为宗教法庭（议会）的一部分，议会以前只由撒都该人管理。她还推行社会改革，比如所有儿童都要接受义务初等教育。

撒罗米·亚历山德拉加强了犹太的力量，并见证了短暂的黄金时代。然而，她于公元前67年去世时，其凝聚力也随之消失了。她的两个儿子为争夺国家控制权而战，都向罗马请求援助，但罗马只是吞并了这个衰弱的国家。犹太独立的时间并不长。

撒罗米·亚历山德拉统治下的哈斯摩尼王国

腊文化研究专家的高级祭司，他们把希腊元素带入神庙，包括希腊神宙斯的雕像。

前261 在阿富汗的巴克特里亚，希腊人脱离塞琉西王朝，并宣布建立一个独立的希腊城邦，从土库曼斯坦一直延伸到旁遮普。

前76—前67 哈斯摩尼王后撒罗米·亚历山德拉统治犹太，被称为犹太人的黄金时代。

罗马朱迪亚

公元前63年，罗马将军庞培从叙利亚越境，占领了耶路撒冷，并声称控制了这个国家，给它起了罗马名字——朱迪亚。

罗马通过地方行政官员进行统治，经常爆发小规模的叛乱。最为严峻的当属始于公元前1世纪的反对外国统治的律法运动（某些热情似火，以上帝之名的人）。之后不久，罗马当局不得不处理救世主耶稣基督（Jesus Christ），公元30年左右，他被钉死在十字架上。

亚里斯多布勒一世

中国有着世界上持续时间最长的文化，其社会特征可以追溯到商朝（甚至更早）。商朝祭拜他们的祖先；孔子坚持认为，恰如其分地举行祭祖仪式，可以使一个人的生活变得高尚，即使中国经历了巨大的动荡，祭祖活动也以这样或那样的形式延续了几个世纪。

如今，祭祀的流行大不如从前，但纪念去世的家人的观念仍一如既往地坚定，并且在一些节假日中仍然有效，包括：

·新年或春节。这是家人团聚，也是缅怀逝者的时刻。

·鬼节。死后（灵魂的）生活之门应该开启整整一个月，这样死者就可以访问世间了。家庭成员向死去的祖先表

中药

传统中医的目的是强身健体，而不仅仅是治疗疾病的某种症状，更集中于预防疾病和恢复身体的平衡。当今世界公认的有效疗法除了针灸之外，还有其他主要方法：

·饮食

·中草药

·艾灸

·按摩

·温和的、治疗性的锻炼运动，如气功或太极拳

中国文化的另一个独特而古老的内容是武术。虽然许多武术起源于后世，但一些凝神聚气而非以蛮力的"内功"武术却有道家渊源，一些与湖北武当山有关，那里有许多道家寺院和与世隔绝的隐士。

草药、工具和一本传统中医古籍

示敬意，提供食物和饮料，或纸钱，也向迷路、游荡的鬼魂表示敬意，以示同情（并防止鬼魂出没）。

·清明节或扫墓日。以扫墓来纪念祖先的日子。

约162—220 关羽将军在中国建功立业，他死后成为广受欢迎的"战神"和"武圣"。

200 大型织机已在中国使用，这使得大规模生产布料成为可能。

3世纪早期 中国诗人兼军事领袖曹操写成首部注解《孙子兵法》的著作。

中药材

针灸

中国文化的一些独有特征可以追溯到几千年前。到汉代时，针灸已经被用来治疗各种疾病；第一次提到这个词是在公元前305年至公元前204年编纂的一本医学百科全书中。人们绘制了人体之气（气或生命能量）流动的图表，标出了针灸的穴位，在这些穴位上插入细小的针来影响气的流动。

图上显示人体经络上的一些穴位

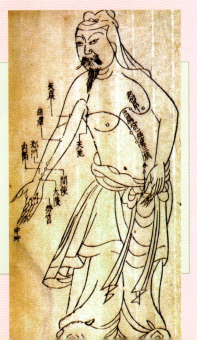

武圣

　　"武圣"不是李小龙，而是出生于公元162年的关羽将军。起初，他是一个卑微的卖豆腐小贩，后来成为一名成功的将军，以至于他死后在道教崇拜中被尊为"战神"和"武圣"。他不是侵略者，而是一个守卫和保护者，能够控制邪恶的灵魂和恶魔，从而阻止战争。

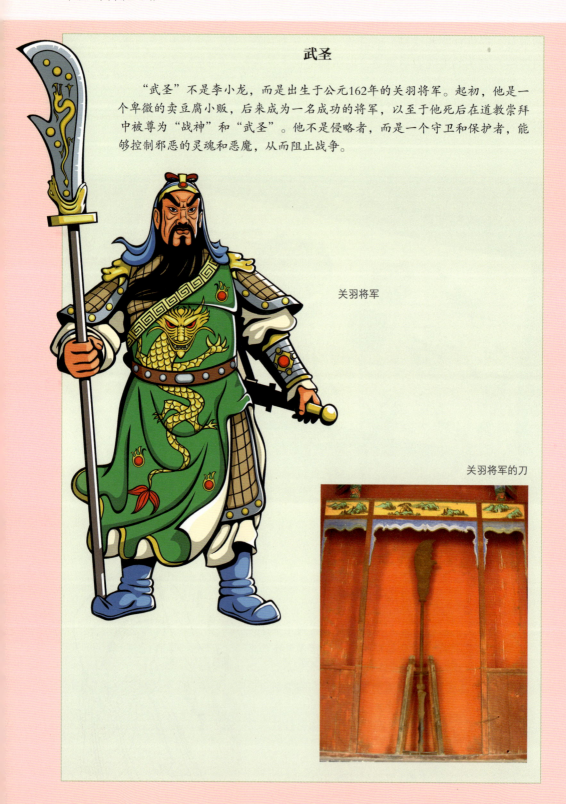

关羽将军

关羽将军的刀

占卜

自商朝以来，算命一直都是中国文化的重要部分。商朝的人对加热龟壳的裂纹进行解读，这种做法发展成为《易经》的占卜体系。这篇古典文献实际上并没有提供预测，而是澄清了提问者的情况，并提出了改变的想法。

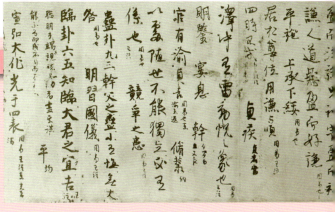

《易经》片段

提问者在提问时投掷蓍草或硬币，然后通过一系列重复性操作，直到提问者拥有一个卦爻（六线行）。其中有六十四卦，每一卦都在《易经》书中有解释。就像许多传统的概念一样，它围绕着宇宙中的基本和谐而展开，认为提问者在那个特定的时间被吸引来创造一个特定的卦象，因为宇宙中的一切都是相互联系的。

风水

时至今日，风水仍然很流行，它的意思是"风和水"，旨在通过能量的流动来展示村庄和房屋最为有利的位置。在一个居室内，风水预示了家具和活动空间的最佳位置。

中国的风水币是财富和成功的象征

除了秦朝，中国古代社会的一个重要特征就是对学习的尊重。所有政府官员和朝廷官吏都是学者和行政人员，而且许多皇帝会鼓励和支持他们进行研究。因此，涌现出来了许多重要的发明和发现。

星象

天文学是一门重要的研究学科。节日和仪式是由农历决定的，所以保存正确的天文记录以保证历法准确是至关重要的。朝廷的天文学家是受人尊敬的官员，他们能够预测到日食和其他天体事件。

天文学家甘德出生于公元前400年左右的战国时期，他是第一个观测到木星有卫星的人。他用肉眼观察了其中一颗卫星，比伽利略用望远镜"正式"发现木星的卫星早了2000多年。

甘德和石申一起写出了世界上最早的、堪称精确无误的恒星表，列出了百余个星座和数千颗恒星。它比希腊天文学家希帕克（Hipparchus）在公元前129年左右绘制的第一个西方恒星表要全面得多。

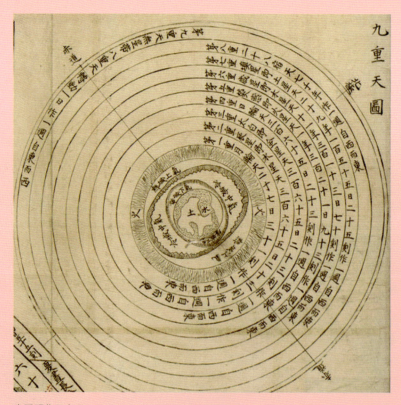

中国明代天文图

前400 中国发明的高炉是为了从铁矿石中铸铁，这一发明比欧洲早了1200年。

前364 中国天文学家甘德首次对木星的一颗卫星进行了观测。

约83 磁罗盘在中国被用于航海。早期算命先生用磁石和针来占卜。

约105 蔡伦发明出了纸。

132 张衡在中国建造出了世界上第一台地震仪来记录地震。

142 一位中国炼金术士描述出了火药的原理。

约220 伞发明于中国。

220 木版印刷是中国发明的，最早被用于纺织品。

中国古典山水画得到发展。

577 中国出现了火柴的雏形。

候风地动仪

世界上第一台地动仪是由科学家张衡于公元132年发明的。它被命名为"候风地动仪"（earthquake weathercock），它不能预测地震，但能记录地震发生的时间和震源方向。

他的机器遗失了，但详细的记录保存了下来。这是一个直径约6英尺（1.8米）的大青铜罐子，里面有复杂的机械装置，如滑动杠杆、曲柄、枢轴和一个悬挂的钟摆。罐子外面有八个黄铜龙头，每个龙头嘴里都衔着一个铜球。罐子底部周围，每条龙下面各有一只，共有八只张开嘴的黄铜蛙。整个装置设计得很富丽堂皇。

当罐子感应到地震时，朝着震动方向的龙的嘴会张开，龙嘴里的球会落入下面的青蛙嘴里，并提醒观察者地震已经发生，以及政府应该向何方提供帮助。

张衡地动仪的重现

火药

火药很可能是道家炼金术士为了寻找长生不老药而采用不同的材料进行实验，继而发明出来的。公元142年，一个叫魏伯阳的人描述出了三种粉末的混合物，这种混合物会猛烈地"飞舞"，这被认为是火药（火药实际上是三种物质的混合物）。

中国人最早开始使用火药

蔡伦

蔡伦出生于公元62年左右，曾任中常侍、尚方令等职，负责在宫中传递讯息和保存宫廷的文献。当时的记录保存在极其昂贵的丝绸或薄竹条上，这意味着抄写任何长篇大论的文章都变得不可思议。蔡伦确信他可以制造出一种替代材料，于是开始用布料、树皮和干草做实验。他通过将树皮放在水中制浆、加热、捣碎、搅拌和过滤，然后将树皮制成薄片，以达成他想要的结果。

这种又轻又薄的纸不是很耐用，所以蔡伦继续做实验，加入一些麻绳、破布、丝绸碎片，甚至渔网来制造更结实的材料。尽管普通民众最初反应平平，但皇帝对其发明叹为观止，并下令在全国范围内使用这种纸。这种廉价耐用的材料很快被其他亚洲国家争相采用。

明代木刻显示出传统造纸的步骤

印刷术

现存最早的印刷材料可以追溯到公元220年的中国。这是用木块印刷的纺织品。后又将这个技术应用于文本。

指南针

　　汉朝也发明了指南针，以天然磁石制作而成，被称为"司南"。最初在中国用于占卜和风水，并在公元83年左右首次用于航海。

中国古代航海指南针

西亚 | 面向东方的罗马

公元前190年，塞琉西向希腊的扩张在马格内西亚战役中受阻之后，小亚细亚的大部分地区都落入了罗马盟友和附庸国的手中。罗马从公元前145年开始第三次扩张进入东地中海。罗马人在亚洲的第一块领土是小亚细亚的帕加马王国，由帕加马国王阿塔罗斯三世（Attalus III, King of Pergamon）在公元前133年赠给罗马。帕加马王国的大部分领土成为罗马在亚洲的省。

起初，这个行省在罗马统治下饱受苦难，由于过度开发丰富的自然资源和沉重的税收，导致人们在公元前88—前63年间三次反对罗马的米特拉达梯战争（Mithridatic Wars）中都对本都王国表示了支持。这些战争以安纳托利亚北部本都王国米特拉达梯六世（Mithridates VI, King of Pontus，前120—前63）的名字命名。最终米特拉达梯人被迫穿越格鲁吉亚，回到克里米亚（Crimea）。此后，这个地区恢复了元气，并成为罗马一个祥和而宁静的行省。

叙利亚

公元前64年，罗马将军庞培占领了叙利亚，包括黎巴嫩海岸和北非的腓尼基城市。叙利亚首都安提俄克成为罗马帝国的第三大城市，仅次于罗马和埃及的亚历山大，而从公元2世纪开始，人声鼎沸、熙熙攘攘的叙利亚成为帝国重要的地区之一。

公元106年，阿拉伯北部和约旦的纳巴泰城也被罗马吞并，成了阿拉伯佩特拉行省（Arabia Petraea）。

叙利亚古城波斯拉的罗马遗迹。波斯拉是罗马阿拉伯省的首都

朱迪亚

公元前63年，罗马控制了犹太，也就是今天的以色列和巴勒斯坦（Palestine）领土，并将其命名为朱迪亚。起初，犹太的哈斯摩尼国王对于权力有所保留，但是在公元前40年对罗马发动起义之后，罗马彻底收复了朱迪亚，并使其成为一个完整的省份。

前133 罗马继承了小亚细亚的帕加马王国，成为罗马在亚洲的一个行省。

前88—前63 小亚细亚本都王国与罗马之间爆发了米特拉达梯战争。

前67 罗马入侵叙利亚。

前64 罗马将塞琉西帝国在叙利亚和黎巴嫩的残余领地并入罗马帝国。

前63 罗马控制了犹太，给它起了罗马的名字朱迪亚。

前53 卡莱之战：帕提亚人彻底击败罗马，俘虏了约一万人。

前50 卜拉希米数字是十进制计数系统的基础，被引入到了印度。

前40 哈斯摩尼家族在朱迪亚发动了对抗罗马的起义。

亚美尼亚和格鲁吉亚

独立的亚美尼亚王国被罗马帝国、帕提亚帝国以及萨珊帝国（Sasanian Empire）贪婪地觊觎着，这也是罗马—波斯战争爆发的诸多原因之一。公元114年，罗马皇帝图拉真（Trajan）征服了亚美尼亚，但这种局面没有维持多久。在公元4世纪末，萨珊人已经控制了亚美尼亚王国的大部分领土，把其余的地区留给了罗马，而公元7世纪时，阿拉伯穆斯林军队又击败了这两个帝国。在公元1—7世纪这段时间里，罗马还断断续续地控制着格鲁吉亚。

大希律王（Herod the Great）

希律王是罗马朱迪亚行政长官的儿子，在最后一任哈斯摩尼国王安提哥那二世造反后逃到罗马。罗马人给了他一支军队，他回到朱迪亚，最终打败了安提哥那并处决了叛军。为了实现个人的野心，他还杀死了所有能找到的哈斯摩尼家族成员，包括他的妻子米利暗（Mariamne the Hasmonean）和他的儿子们。希律王被封为"大帝"，享有很大的自治权，继而成为一个强势的君主。作为希腊–罗马文化的崇拜者，他建造了诸如恺撒利亚（Caesaria）这样的新城市，修建了马萨达（Masada）这样的堡垒，并扩展了王国。在耶路撒冷，他将圣殿改建为一座宏伟的建筑。然而，他未能获得犹太人的支持和拥护。

公元前4年，希律王去世后，他的王国被他的三个儿子瓜分，但是他们及其后代并没有管理国家的能力。罗马通过地方行政长官直接统治了朱迪亚。

卡莱战役：一场长途跋涉的战争

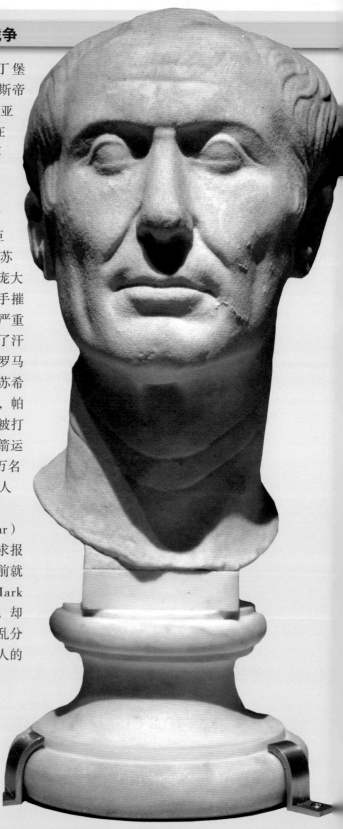

罗马和它的后继者君士坦丁堡（Constantinople）不时地入侵波斯帝国，但又不得不经常抵御来自帕提亚人、塞琉西人或萨珊人的入侵。在罗马-波斯战争期间，至少有十场不同的战役。

公元前53年，帕提亚人在土耳其南部的卡莱战役中取得胜利，有效地阻止了罗马向东扩张。由三巨头之一的马库斯·李锡尼·克拉苏（Marcus Licinius Crassus）率领的庞大罗马入侵部队被帕提亚骑兵弓箭手摧毁，这也是罗马有史以来遭受的最严重的军事打击之一。骑兵弓箭手立下了汗马功劳，射出了数千支箭，穿透了罗马人"龟甲"的防御阵型。尽管克拉苏希望他的军队能静待这场暴风雨过去，帕提亚人的箭即将耗尽，但他们还是被打败了。帕提亚人用了数百头骆驼把箭运到了前线，包括克拉苏在内的约两万名罗马人被杀，一万人被俘。帕提亚人伤亡很小。

尤利乌斯·恺撒（Julius Caesar）曾计划发动一场惩罚性的入侵，以求报复，但在他准备大刀阔斧地实施之前就被暗杀了。后来马克·安东尼（Mark Antony）领导了一场报复性的入侵，却被庞培和塞克斯图斯领导的一场叛乱分散了注意力。罗马从未占领过波斯人的中心地带，也从未冒险深入亚洲。

图斯库勒姆肖像，可能是尤利乌斯·恺撒遇刺前，也是他一生中唯一幸存的雕塑

美索不达米亚和拜占庭

公元前116年，罗马从帕提亚手中夺取了美索不达米亚的部分领土，建立了一个昙花一现的省份。然而，在公元198年，罗马回归并改革了美索不达米亚省，将其作为两个帝国之间的缓冲地带。

西罗马帝国（Western Roman Empire）于公元476年垮台之后，东罗马帝国（Eastern Roman Empire）或拜占庭帝国（Byzantine Empire）接管了罗马的土地，继续与波斯进行斗争。

克拉苏与恺撒、庞培并称为罗马三巨头。克拉苏向帕提亚人发动战争，但在卡莱被击退和处决

西亚｜佩特拉古城与纳巴泰人

纳巴泰人（Nabataeans）最初是阿拉伯的游牧部落，后来向北迁移，定居在阿拉伯北部、约旦南部和内盖夫，建立了一个富饶的国家。在公元前4世纪初的历史文献中，他们在约旦西南部的首都佩特拉（Petra）首次被提及。从公元前1世纪开始，当贸易商队通过该地区时，纳巴泰人变得富裕起来。

香路

纳巴泰城镇分布在从阿拉伯到地中海的香料之路的地中海尽头。来自阿拉伯的乳香和没药，东南亚的香料、乌木、丝绸和宝石，以及非洲之角的稀有木材和黄金等奢侈品，被装载到骆驼商队中，运往西亚、希腊或罗马帝国。

佩特拉被雕刻在峡谷中的砂岩峭壁上，岩石上红色、紫色和黄色的纹理贯穿其中。佩特拉又名"玫瑰城"，因希腊语中的"岩石"而得名。除了如寺庙

佩特拉的宏伟遗迹

和圆形露天剧场这样的独立建筑，这座城市还有着许多陵墓，它们凿岩而成，有着精美的外立面。整体而言，这座城市有八百多处古迹。

佩特拉有一个体量巨大的水资源管理系统，利用刻在岩石上的水渠和陶瓷管道来控制山洪，并将水引入水坝和蓄水池之中。这不仅提供了饮用水，还灌溉了纳巴泰人的庄稼，使佩特拉成为沙漠中的人造绿洲。

公元前312年，纳巴泰人击退了希腊人的进攻，但他们吸收了许多希腊习

俗，包括一些建筑元素。公元106年，佩特拉被罗马征服，成为罗马阿拉伯省的一部分。这座城市繁荣一时，直到贸易路线发生改变，叙利亚的帕尔米拉开始取代佩特拉的地位。

前85—54 纳巴泰人的鼎盛时期，首都在现代约旦的佩特拉。
106 罗马征服了包括佩特拉在内的纳巴泰城镇。

位于以色列内盖夫沙漠（Negev desert）的纳巴泰城

丝绸和丝绸之路

生产约500克的蚕丝需要大约2000只蚕，而从培育蚕、收集丝线到纺丝的整个过程漫长而艰难，工序十分繁杂，成本昂贵，以致成品在被运送到数千英里外出售之前，就已经成为一种稀有的奢侈品了。

生丝是桑蚕茧缲丝后所得的长而连续的细丝。桑蚕以桑叶为食，然后吐丝结茧，在茧内孵化成成虫。

这个过程被养蚕者打断，他只给蚕几天的时间来享受它的茧，然后在它孵化和破茧之前用热气将其杀死。一根细丝可以长达3000英尺（950米），蠕虫大概需要三天才能分泌出足够长的丝来

大路敞开

这条长达4000英里（6500千米）的贸易路线横跨中国、波斯和欧洲大陆。公元前138年，中国的张骞被派往西方寻找盟友，参与中国长期与匈奴侵略者的斗争中。在波斯，他找到了贸易伙伴，而不是军事战友。中国和帕提亚帝国签订了正式的贸易协议，允许奢侈品

通过中亚、帕提亚，进入罗马帝国、欧洲、阿拉伯或北非。

虽然丝绸是丝绸之路上最为珍贵的商品，但罗马人也从中国寻找珍珠，从印度进口香料。而从另一个方向来看，罗马精美的玻璃器皿有时也会和帕提亚的香水和香料一起进入中国。同样重要

蚕茧

做茧。蠕虫被杀死后，丝线被小心翼翼地展开到线轴上，然后与其他丝线缠绕在一起，合并成一股可编织的线。当蠕虫分泌的丝胶蛋白被冲走，剩下的就是光泽、柔软、结实、舒适、奢侈的生丝。

前138 中国的张骞被派往西方寻找对抗匈奴的盟友。他提供的关于人与路线的传闻，被认为是丝绸之路的开端，丝绸之路是从中国到西方的陆路贸易路线。
550 蚕从中国被带到中东。

的是，各种各样的思潮也沿着贸易路线流动起来。

丝绸之路并不是单一的一条路，路线的选择取决于天气、一年中的时间、土匪的出没和安插在部分路段的守卫。

自然灾害多种多样，从沙尘暴到山洪暴发，从高山到贫瘠的平原。商人会聚集在一起，组成规模庞大的商队，并配备大批护卫军。

成品丝线

秘诀

关于丝线、纺织工具和蚕的考古证据可以追溯到公元前6800年的中国。丝绸文化的秘诀被小心翼翼地保存了几千年。将蚕带出中国是死罪，商人也不得将处理这种材料的方法告诉外国人。

传说公元440年，一位中国公主与中亚王子结婚，她把蚕卵藏在了头发里。大约一百年后，两个从拜占庭来中国的僧人将蚕卵和桑树种子放在他们的手杖里，偷运出来。丝绸工业最终在中东发展起来，但是高质量的中国纺织品在西方仍然颇受青睐。

中国传统的丝绸服装

乌兹别克斯坦为纪念丝绸之路游历者而立的纪念碑

商人往往会沿着这条路线进行多次货物交易和买卖，很少有人会沿着这条艰难、危险的路线长途跋涉。

丝绸之路沿线的中间商，如索格底亚（Sogdia）的商人，通过贸易、征税、抢劫或保护商队而变得富有。中亚的一些城镇有幸拥有良好的水资源供应，如土库曼斯坦的梅尔夫（Merv）、乌兹别克斯坦的撒马尔罕（Samarkand）和塔什干（Tashkent），以及阿富汗的巴米扬（Bamyan）。这些城镇也变得富裕起来，足以建造宏伟的纪念碑、宗教场所、城堡和旅馆。

令人诧异的是，丝绸之路在很久以后才变得安全。当时几乎整条丝绸之路都被残暴的蒙古帝国（Mongol Empire）控制着。蒙古人热衷于从贸易中获益，所以他们一直保持着在道路上巡逻的好习惯，从而免受土匪的侵扰。

乌兹别克斯坦的丝绸之路城市撒马尔罕

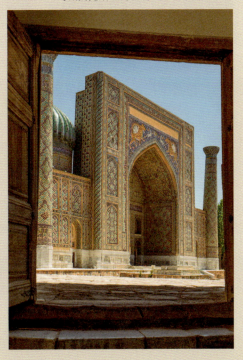

　　基督教是在今以色列和巴勒斯坦领土上兴起的第二个伟大的一神论宗教。它以耶稣基督的形象为中心，但不久后，它不仅是一套宗教信仰，还包括了一种生活方式和一套文化观念。

基督教堂内的祭坛

耶稣的一生

历史上著名的耶稣出生于公元前4年左右的罗马朱迪亚。他是一名犹太人，父亲约瑟（Joseph）是一位木匠，母亲名为玛丽。耶稣接受了施洗者约翰的洗礼，成为一名精神导师，并在公元28年左右开始传道，用寓言宣扬爱的信息，敦促人们忏悔自己的罪恶，施行医治，并就如何接近上帝展开辩论。他为罪人和受压迫者发声。

耶稣的追随者相信他是弥赛亚，有预言说他将带领犹太人走向救赎和自由。"基督"一词来自希腊语，意为"弥赛亚"（Messiah），这就是为什么他通常被称为"耶稣基督"。

耶稣聚集了一小群忠诚的追随者，

约前4 耶稣出生在罗马朱迪亚的伯利恒。

约20—33 耶稣在拿撒勒布道。

26 本丢·彼拉多被任命为罗马朱迪亚检察官。

约30 耶稣基督被钉在十字架上。

45—50 圣保罗开始建立基督教会，并将基督教从犹太教中分离出来。

52 耶稣基督的使徒之一圣托马斯抵达印度。

尤其是十二个门徒，和他们一起去了耶路撒冷，在那里他受到了普通民众的欢迎。然而，犹太人的长老们挑战了他的权威，在耶稣和他的追随者们共进最后的晚餐后，长老们安排将他逮捕。犹太法庭，即公会，因他自称是弥赛亚而判他亵渎神明，罗马当局因他自称是犹太人的国王而将他钉在十字架上。

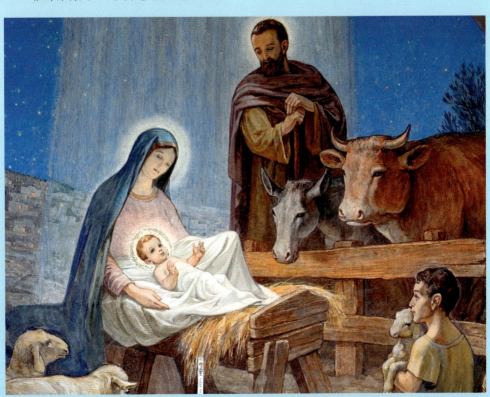

耶稣降生

福音书

耶稣的故事主要见于基督教《新约全书》中的"福音书"和《启示录》。书里面透露，他是上帝的儿子，由圣灵怀胎，他母亲在他出生的时候还是处女。他是上帝派到世上来拯救所有相信他的人的。

耶稣死后第三天又复活，把他的伟大使命托付给门徒："所以，你们要去，使万民做我的门徒，奉父、子、圣灵的名给他们施洗……"然后他升入天堂。耶稣的追随者最初是犹太人，他们信奉犹太教，认为耶稣是弥赛亚。直到大约公元50年，保罗（St. Paul）把"耶稣即是弥赛亚"的信息传达给非犹太人时，基督教才开始从犹太教中分离出来。

耶稣基督被钉在十字架上

基督教的基本要义

基督徒相信只存在一个上帝，但包含圣父、圣子、圣灵三个"位格"，三者又结合于同一"本体"，故名"三位一体"。耶稣是上帝的儿子，派遣他到世上来，以他的死将人从罪恶中拯救出来，这是上帝对人类表达伟大的爱的标志。人们相信耶稣并接受他的死而复生，就可以与上帝建立起联系。耶稣既是完整的人，又是完全的神。

基督徒相信死后的生命，通过祈祷与上帝沟通，以"圣餐"仪式上分食少量的面饼和酒来纪念耶稣和门徒最后的晚餐。耶稣曾称面包是他的身体，葡萄酒是他的血液。有些人认为这是个比喻，有些人把它当真，导致了基督教会内部的分裂。圣徒是被教会正式承认的特别圣洁的人。

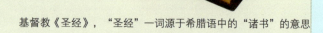

基督教《圣经》，"圣经"一词源于希腊语中的"诸书"的意思

教会

随着耶稣的门徒和其他皈依者四处传播他的信息，越来越多的非犹太人开始追随基督教的教义。当一个教会理事会决定他们不必遵守犹太法律，特别是关于割礼的法律时，犹太教和基督教也就此分道扬镳。

随后正式的基督教教会结构发展起来，最终的权威落在罗马主教身上，他们是彼得（St. Peter）的继承者。彼得曾在那里传教，并为自己的信仰殉道。罗马主教获得了教皇头衔，意为"教父"。公元4世纪时，教会理事会确定了信仰和《圣经》，其中包括曾作为犹太圣经（Jewish Bible）的《旧约全书》。基督教最初遭到罗马皇帝的迫害，公元312年被君士坦丁大帝（Constantine the Great）所接受，随后在380年被狄奥多西一世（Theodosius I）正式定为国教。

马来西亚马六甲的一座教堂。基督教通过基督门徒托马斯的布道传播到东方

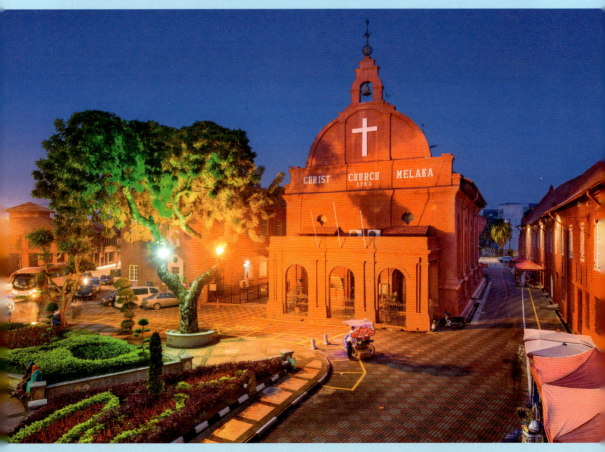

公元66—70年，犹太狂热分子（Zealots）在犹太领导了一场反抗罗马的大规模叛乱，称为大起义。罗马皇帝提图斯（Titus）摧毁了耶路撒冷的大部分地区，并成功掠走了圣殿的财宝，这场战争以灾难告终。

皇帝提图斯统治下的罗马军队摧毁了耶路撒冷的圣殿

罗马的提图斯拱门上描绘了罗马士兵带走犹太圣殿里的珍品

66—70 狂热分子对罗马的反抗以耶路撒冷圣殿（Temple in Jerusalem）的摧毁而告终。随着犹太人散布在罗马帝国各处，最后的大流散也就此拉开了序幕。

73 最后一批犹太狂热分子宁愿在马萨达山上的堡垒里自杀，也不愿落入罗马人手中。

科赫巴起义：犹太人大流散

公元132年，由士兵西蒙·巴尔科赫巴（Simon bar Kochba）领导的犹太人起来反抗他们的罗马统治者。他在135年被杀害，起义以灾难性的结局告终。犹太人被禁止进入耶路撒冷，分散在罗马帝国各处。

马萨达，最后的阵地

公元70—73年，狂热分子最后的阵地位于犹太沙漠中的马萨达山上的堡垒。在这个要塞，犹太军队死守了三年，最后防御军队选择自杀而不是屈服于罗马。

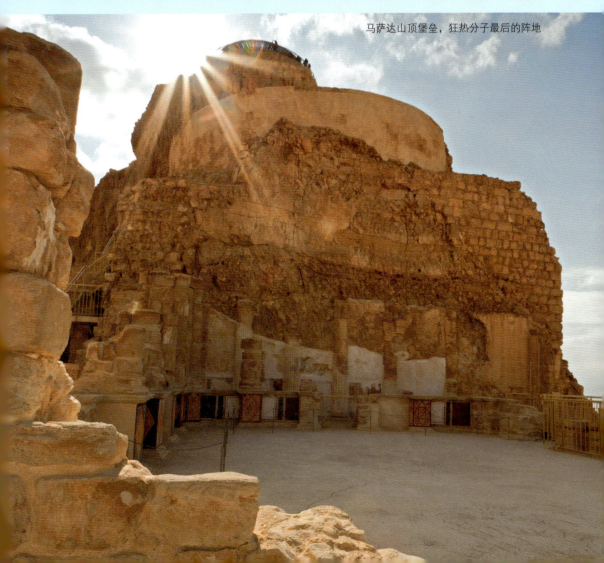

马萨达山顶堡垒，狂热分子最后的阵地

公元224年，波斯帝国发源地波斯法尔斯省的统治者阿尔达希尔一世（Ardashir I）击败了帕提亚人，建立了以他祖先萨珊（Sasan）命名的萨珊帝国，他自封为"万王之王"。萨珊帝国始终是东罗马帝国和西罗马帝国的对手，直到公元651年崩溃瓦解。

在鼎盛时期，萨珊人统治着今天整个伊朗、伊拉克、黎凡特、阿拉伯东部、埃及和高加索地区，以及土耳其、也门、巴基斯坦和中亚的部分地区。

尽管萨珊人经常与罗马、匈奴、土耳其和拜占庭交战，但他们鼓励学术和艺术。他们的首都泰西封（Ctesiphon）因艺术、科学和哲学而闻名。在善于革新的国王库思老一世（Khosrau I，前

萨珊帝国的创始人阿尔达希尔一世，俘获了帕提亚帝国的诸侯

531—前579年在位）的统治下，贡德沙普尔学院广泛收集周边国家的手稿资料，成为世界上重要的学术中心之一。

由于战争的不断消耗，萨珊王朝最终在公元651年落入阿拉伯人手中。

224 萨珊人接管了帕提亚。
260 萨珊国王沙普尔一世俘虏了罗马皇帝瓦勒良。
260—262 帕尔米拉的奥登纳图斯阻止了萨珊人向叙利亚挺进。

典型的萨珊艺术：一个画着国王狩猎的银盘

摩尼教（Manicheanism）

先知摩尼（Mani）生于公元216年左右的巴比伦（今伊拉克）。他宣扬了一种二元论哲学，在这种哲学中，善与恶双方为至高无上的地位一争高下。善由光和精神来表示，而恶是由黑暗和物质世界来呈现。虽然这个世界是邪恶的，充满了痛苦，但摩尼教导说，灵魂分享神的部分本性，因此可以通过自我认识或内在的光照（inner illumination）而得到拯救并回归光明。

摩尼被他的追随者称为"光的使徒"，他认为他的教义可以取代所有其他宗教。他相信，自己只是包括佛陀、查拉图斯特拉和耶稣基督在内的众多先知中的一员。祈祷、仁爱、忏悔和斋戒是摩尼教生活的重要组成部分。

起初，摩尼和他的追随者得到了萨珊帝国皇帝的宽容，但后来却遭到迫害，于公元274—277年间死于波斯。然而，他的教义传播到了东方的印度和中国。据推测，摩尼写过几本书，但从中世纪开始就失传了，直到20世纪才有一部分被发现。

据传，摩尼被斩首，他的头和身体被陈列在了贡德沙普尔城（Gundeshapur）的大门前

萨珊艺术

萨珊人喜欢大型建筑，他们借鉴了其他国家的艺术形式来创造自己的风格。阿尔达希尔-花拉城（Ardashir-Khwarrah，前称古尔，今菲鲁扎巴德）是由阿尔达希尔一世按照圆形规划建造而成的，而他的儿子沙普尔一世（Shapur I）在他的城市比沙普尔（Bishapur）则使用了网格设计。这些城市的宫殿和泰西封的宫殿有一些共同的特点，如至少一侧有开放式拱顶结构的大厅，但也有不同的特征，如穹顶和塔楼的各种布局。萨珊的建筑物以灰泥和其他纹饰加以装潢，并经常以马赛克铺路。

萨珊人也很擅长打造金属制品，尤其是手工制作的银质或金质的"贝壳"碗，贝壳的内表面凿刻出了浮雕场景，通常是国王骑马狩猎的场景。但萨珊艺术最显著的特征是描绘加冕典礼或凯旋场面的巨大石雕。尽管这些雕刻品遍布整个王国，但更多都是在波斯波利斯或纳克歇·洛斯塔姆帝王谷（Naqsh-e Rustam）的阿契美尼德陵墓附近，仿佛萨珊人在建立与辉煌过去的联系。

很少有萨珊雕像保留到现在，一座坐落于比沙普尔附近洞穴中的沙普尔一世巨型雕像展示出了石匠的技艺。这座雕像高约22英尺（6.7米），肩部宽6.5英尺（2米）。萨珊艺术对伊斯兰文化产生了重大影响，也对中国、印度、非洲和西欧的艺术发展产生了深远的影响。

中国使节

公元97年，中国外交使团踏上了前往西方访问罗马帝国的漫长旅程。在甘英的带领下，虽然这支队伍安全抵达了波斯湾，但他们却对那里的帕提亚人所说的话深信不疑——下一段旅程将是围绕阿拉伯半岛漫长而又艰险的海上航行。

心灰意冷的中国人打道回府，并没有意识到自己被骗了。其实是帕提亚人想要控制丝绸之路，他们担心如果中国和罗马直接接触，就可能在帕提亚领土周围建立一条海上贸易路线或者开辟其他路径。至于这些外交使臣如何向中国皇帝解释他们的失败，以及皇帝又对他们说了些什么，我们就不得而知了。

为了与罗马建立直接的贸易联系，班超于公元97年派遣甘英出使罗马帝国

西亚 | 帕尔米拉

公元前1000年，今叙利亚的帕尔米拉城开始为西亚其他国家所熟知。帕尔米拉坐落在大马士革东北134英里（215千米）沙漠中的一片绿洲上，那里的几处泉水使农业发展成为可能。这个城市里居住着阿拉伯人、亚摩利人、阿拉米人和犹太人，他们派出商队沿着丝绸之路穿过罗马帝国，最终通过贸易变得富有起来。

帕尔米拉人在商业活动中使用希腊

帕尔米拉的贝尔神庙

语的同时，也讲阿拉米语，他们的艺术和建筑也反映了东西方文化的融合。他们的财富促成了伟大建筑的诞生，比如，贝尔神庙和它的大柱廊。这条廊道绵延超过半英里（1.1千米），贯穿整座

城市，并有纪念碑拱门和杰出市民的青铜雕像等特色装饰。

由多组塔式坟墓组成的墓园建在城墙外，其中大部分都有随葬半身像。

帕尔米拉曾被亚述和塞琉西王朝等统治，公元3世纪成为罗马帝国的一个自治王国而达到鼎盛。罗马时期的建筑包括浴池和圆形露天剧场，最多可以容纳20万人。

帕尔米拉国王奥登纳图斯

帕尔米拉帝国

公元3世纪中叶，萨珊波斯帝国的崛起威胁到了帕尔米拉的贸易路线。当时罗马的势力被内部冲突削弱了，因此帕尔米拉邦主奥登纳图斯挺身而出守护城邦的利益。他首先尝试用外交手段，但被断然拒绝，于是他转向了战场。公元260年，他在幼发拉底河附近赢得了与波斯人的决战，接着又把波斯人赶出了罗马的美索不达米亚，并镇压了该地区的罗马叛乱。

奥登纳图斯宣布自己为国王。当他在公元267年撒手人寰时，他的遗孀季诺碧亚又将王国扩张为一个帝国，声称她控制了埃及和其他地区。季诺碧亚亲自在马上指挥她的军队。尽管她起初决定不与罗马发生直接冲突，甚至在公元271年她宣布独立并获得女王称号时，还发行印有罗马皇帝奥勒良的硬币，但罗马的反应却不尽如人意。

奥勒良的军队在一次报复性的远征中侵入叙利亚和埃及，夺回了控制权，击败了季诺碧亚。在公元273年，奥勒良摧毁了帕尔米拉，把那里的许多雕像带回了罗马。季诺碧亚被捕后被带到罗马，并没有被处决，后来她嫁给了一名罗马参议员。

尽管皇帝戴克里先（Emperor Diocletian）后来使这座城市恢复了元气，但它还是失去了原来的显赫地位，沦为一个村庄。然而，这座城市的古建筑一直保留着，直到21世纪，大部分被伊斯兰极端分子夷为平地。

帕尔米拉的大柱廊

季诺碧亚在罗马被囚禁

圣殿之后的犹太

在公元132年至135年的科赫巴起义（bar Kochba Revolt）之后，犹太人失去了一座圣殿和他们的宗教中心。之后，犹太教的宗教中心转移到雅麦尼亚（Yavneh）的一家学院，那里的犹太教理事会成立了新的议会，即犹太立法和司法机构。

犹太教堂（synagogue）成了犹太社群的焦点所在，与圣殿仪式和祭祀活动紧密关联的撒都该教派逐渐消亡。拉比（rabbis，学者或教师）取代了牧师。

雅麦尼亚的拉比们下定决心要确保那些阐释"摩西五经"的口传教义不会遗失。因此，他们把教义收集起来，编为《密西拿》（Mishna），或称口传律法书，这一过程大约在210年初具规模。这也使得分散在罗马帝国周围的犹太社群能够保持相同标准的传统。

拉比在犹太教堂里诵读"摩西五经"。圣殿被毁后，犹太教堂成了犹太社群的焦点

《密西拿》中的一页，收录了犹太人口传律法教义

　　尽管一些流亡者确实返回到罗马统治下的巴勒斯坦重建社群，但该地区仍是一处安静的闭塞之地，即使在公元7世纪被穆斯林哈里发接管统一之后，也是如此。

两个拉比面前坐着一位学生

公元前185年孔雀王朝灭亡后，印度两个大的王国是统治德干的萨塔瓦哈那王国，以及在北方开辟了大片领土的贵霜帝国（Kushan Empire）。贵霜帝国疆域遍及阿富汗、巴克特里亚和中国西北部。最初，贵霜民族是草原游牧民族月氏联盟（Yuezhi confederation）的一个分支，在公元3世纪，阿富汗的贵霜人被波斯萨珊人征服，接下来的一个世纪，他们被印度北部的笈多王朝（Guptas）取代。

目前尚不清楚笈多国王来自何方，公元320年，旃陀罗·笈多（Chandra Gupta）建立起一个帝国。他与梨车族公主联姻。到公元321年，他接管了摩揭陀国以及从恒河到北方邦（Uttar

阴影部分显示了笈多王朝旃陀罗·笈多二世统治下的势力范畴

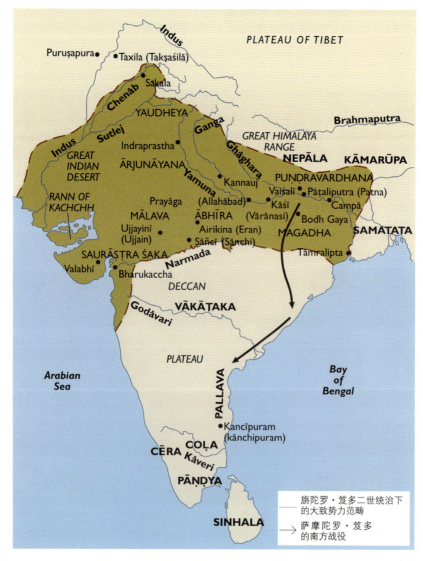

笈多王朝旃陀罗·笈多二世统治下的大致势力范畴

萨摩陀罗·笈多的南方战役

Pradesh）的阿拉哈巴德（Allahabad）地区，被封为"万王之王"。

马祭

旃陀罗·笈多一世的儿子萨摩陀罗·笈多（Samudra Gupta）在公元335年继承了王位，到公元380年，征服了二十多个王国。他将控制权扩大到了整个印度北部和中部，以及斯里兰卡、克什米尔和阿富汗。巴连弗邑（Pataliputra），也就是今天的巴特那成为他的首都。

萨摩陀罗以吠陀仪式中被称为阿斯瓦利达的马祭来纪念被他征服的领土。一匹种马的后面跟着100名年轻的战士，他们将被放逐到王国境内游荡一年。无论这匹马走到哪里，当地首领都可以挑战皇权，并与勇士们作战。如果首领不应战，则意味着他承认了国王的统治权。

到了年底，如果这匹马没有被捕获或杀死，它将被带回首都和其他数百只动物一起被献祭。马是太阳的象征，所以马祭代表了太阳在新的一年里焕然一新，以及国王统治的延续。

人们为了庆祝萨摩陀罗的马祭仪式，特地铸造出了别具一格的硬币。

约320 笈多王朝开始控制印度北部和中部。人们建造庙宇，并创作大型的神像。

399 中国佛教僧人法显启程前往印度。他的游记是一份重要的历史文献。

4世纪 印度史诗《摩诃婆罗多》大功告成。

据传，萨摩陀罗热爱诗歌，有的硬币上描绘了他弹奏七弦琴的场景。萨摩陀罗·笈多的丰功伟绩被刻在了阿拉哈巴德阿育王石柱上，这是公元前3世纪孔雀王朝的阿育王首次被题写的石柱。

"超日王"

萨摩陀罗的继承人旃陀罗·笈多二世（Chandra Gupta II）从公元350年统治到公元415年。他通过联姻与征战获得了更多的领土，也赋予了帝国最广阔的发展空间。凭借着强大的军事实力，旃陀罗·笈多二世被誉为"超日王"。他的常备军包括50万步兵、5万骑兵、2万战车御者和1万头大象，海军集结了1200艘船只。

尽管他有着无与伦比的军事实力，但在他统治时期，文化艺术成就有目共睹，这是中国旅印僧人法显在其文献中记载的。

笈多王朝的文化成就

《罗摩衍那》和《摩诃婆罗多》的最后编纂工作发生在笈多王朝，可能是在旃陀罗·笈多二世统治时期。笈多王朝还诞生了许多伟大的画作和性爱经典著作《爱经》（*Karma Sutra*），以及数学家阿耶波多的著作。

旃陀罗·笈多二世资助了九位学者，他们被称为"宫廷九宝"。迦梨陀娑（Kalidasa），被誉为最伟大的梵语诗人和剧作家，可能也在其中。

法显

　　法显于公元337年出生于今天的中国山西省，是一名佛教僧侣和翻译家。公元399年，正值旃陀罗·笈多二世统治时期，法显同其他九个人从长安（今陕西西安）出发，一路走到印度收集佛教文献。法显写了一份详细的观察日志，记录了他去佛教圣地的所见所闻。

　　法显称赞笈多政府管理有序、自由开放、公路安全、税收低，政府官员收入丰厚，诚实公正。正如他所看到的，人民富裕幸福，社会为穷人和有需要的人提供了养老院和医院，印度教徒、耆那教徒和佛教徒和平共处。

　　法显于公元411年乘船离开印度，回到中国。归国后他翻译佛教经文，于公元422年圆寂。

法显从中国徒步旅行到了印度，十五年后返回中国

一枚铸有旃陀罗·笈多二世的硬币

笈多王朝的工匠巧夺天工，以打磨好的石头和砖精心建造出庙宇。标志性的石雕神像也出现在这一时期，雕塑风格从棱角分明发展成了流畅柔和的曲线。

鸠摩罗·笈多（Kumara Gupt，约415—455年在位）在摩揭陀创建了那烂陀大学（Nalanda University），学者们来自遥远的中国、高丽和中亚地区。这所大学还与印度尼西亚的夏连特拉王朝（Shallendra dynasty）有着千丝万缕的联系，研究对象包括吠陀经、逻辑学、梵文、医学和佛教文献，大乘佛教即是在那里发展起来的。尽管笈多王朝的艺术成就有目共睹，但是种姓制度也发展起来，导致妇女在社会中的地位日渐卑微。

在经历了内忧外患之后，笈多王朝在公元6世纪显现出颓势，走向衰落。

印度比哈尔邦那烂陀大学遗址

公元476年出生于印度的数学家阿耶波多（Aryabhata），23岁时写了一本重要的数学著作——《阿耶波多历数书》（Aryabhatiya）。这本书总结了当时印度数学的情况，并展示了他自己的设想。

虽然阿耶波多可能没有发明这些概念，但他写了关于位值以及零作为数字本身使用的必要性。用零来表示大量数值不存在的想法，对巴比伦数学家来说并不陌生，例如4050，这里没有个位和百位的值。但是印度数学家意识到，由于一些数学表达式产生了数字零，所以也应该像对待任何其他数字一样对待它。这导致了在数学中使用小于零的数，也就是负数。

595 印度-阿拉伯数字体系建立起来，也就是今天使用的这套系统的基础。
600 国际象棋起源于印度。

《阿耶波多历数书》影响了后来的阿拉伯学者，是将零和位值引入中东并最终从那里传入欧洲的著作之一，同时产生了我们今天使用的印度-阿拉伯数字。

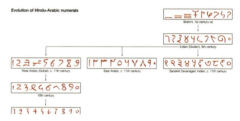

从1世纪到16世纪印度-阿拉伯数字的演变

阿耶波多

从欧亚平原的最西部到远东，草原上的游牧民族都被他们周遭定居的人们描述为"住在车载蒙古包的人"。

约前600 在伊朗扎格罗斯山脉发现的一只青铜碗上装饰着现存最早的蒙古包图画。

蒙古包

圆顶帐篷在蒙古被称为蒙古包（yurts），这个名字沿用至今。简单的圆形帐篷，用毛毡或兽皮覆盖在一个可折叠的木质框架上，携带轻便，可以迅速打包和重新组装，并能抵御草原上时而刮来的凛冽寒风。人们认为，蒙古包的设计在中亚几千年来几乎没有变过。

西伯利亚的部落声称，他们的祖先最先开始使用蒙古包，这些帐篷最早出现在扎格罗斯山脉发现的青铜碗上，可以追溯到公元前600年左右。中国记载过游牧民族匈奴（前209—前93）的成员在他们的车上带着毡制帐篷，希腊的文献也描述了他们遇到的游牧民族的活动房屋。

成吉思汗会在一座由22头牛拉着的巨型车载蒙古包里统治他的中世纪蒙古帝国。但是，东方的中亚人使用的是小型的、家庭式的，其基本框架被毛毡覆盖的简易车载帐篷，远远比不上皇家规模的车载蒙古包。

希腊悲剧作家埃斯库罗斯（Aeschylus）在《被缚的普罗米修斯》一书中把斯基泰人的家园描述为："……带轮子的篮筐小屋，就像运货马车一样。"

公元378年，罗马史学家马塞林（General Ammianus Marcellinus）描述了被称为阿兰人（Alans）的游牧民族："……他们没有小屋……住在四轮马车

车载蒙古包的种类

有两种类型的"车载蒙古包"。第一种是那些游牧民族迁徙时被拆卸收起来的蒙古包；第二种是被永久地安装在车上的蒙古包，虽然有的人可以骑马，但家人们在搬家时仍可以留在他们的小屋里。

里，上面覆盖着满满的树皮，在无边无际的荒原上行驶。"

至于匈奴人，马塞林写道："他们都没有固定的居所，没有壁炉，没有法律，也没有固定的生活方式，像逃犯一样，驾着他们居住的马车四处游荡；在马车里，他们的妻子为他们编织丑陋的衣裳，为他们生儿育女……"

很难说清他们的衣裳哪里丑陋，事实上他们只是过着游牧生活，就像草原民族几千年来所延续的那样。

蒙古包

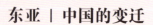

　　汉朝灭亡后，过了几百年，中国才迎来一个充满活力的时代。

　　首先，三国争夺霸权，西晋最终统一。然后西晋被北方游牧民族侵略，被迫放弃了对黄河流域的控制，并将都城迁至今天的南京，是为东晋。中国分裂成南北朝，最终隋朝在公元581年建立了政权。

　　隋朝开了个好头。他们在全国各地设立了科举考点，而不仅仅是在首都，允许更多的人通过选拔成为政府官员。文官选拔制度对提升社会整体水平产生了影响。隋朝还改革了法典，并修建了连接黄河和长江的大运河。之后，他们犯了一个代价高昂的错误，启动了很多劳民伤财的项目。到公元605年，

—尊隋朝佛教菩萨像

一枚隋朝的"五铢"钱币。"隋五铢"是根据它们的重量（一铢的重量相当于100颗粟粒，一枚硬币重五铢）来命名的

各地纷纷出现叛乱。

在这几百年中，一个重大的变革正在进行。这段时间没有人能够提供强有力的领导以及边境的防御，因此，中国北方一直遭受着侵扰。到了公元400年，尽管南方到处是沼泽和丛林，需要通过运河、水库以及水坝进行清理、排水，但人们还是从北方漂流到长江下游。慢慢地，长江流域的农业产量开始超过华北平原。

前200 中国试图击溃蒙古匈奴，但以失败告终。两者以长城为界，划分了他们各自的领土。

前164 传说淮南王刘安将凝固的豆浆压成块，制成豆腐。

前150 匈奴越过长城，控制了黄河以北的中国。

前138 张骞被派往西方寻找对抗匈奴的同盟。他当时开辟的路线被认为是丝绸之路的开端，这也是从中国到西方的陆路贸易路线。

前128 中国和印度之间的陆路贸易路线穿越缅甸北部。

前121 中国击退了匈奴，并把他们赶到了戈壁沙漠的北部。

前111 中国征服了越南的大部分地区。

前100 马来半岛成为印度、埃及、中东、爪哇和中国商品的海上贸易枢纽。

前91 "中国史学之父"司马迁完成了他的纪传体历史著作《史记》。

约前60 游牧的月氏部落在被匈奴取代后，开始建立以阿富汗为中心的贵霜帝国。贵霜人助力了丝绸之路的拓展。

57 中国历史记载中首次正式提及日本。

68 来自印度的佛教僧侣抵达中国。

一辆侧面固定了伞的兵马俑马车

约83 中国开始用磁针罗盘进行导航。

90 一支中国军队进攻贵霜帝国并到达了里海，这是当时中国西部的最远之地。

97 中国特使甘英被派去访问罗马帝国。在波斯湾，他听信了帕提亚人的话——余下的旅程任重道远不堪设想，所以他回到中国。

约100 链泵在中国的使用让灌溉更加高效，使培育的作物更加优质。船舵和吊桥也广泛见于中国的各大交通码头。

约105 中国人蔡伦改进了造纸术。

132 中国人张衡建造了世界上第一台记录地震的地动仪。

166 一批罗马商人或外交官途经越南，到达中国。

约167 卑弥呼，一位年长的女祭司，将日本几个小国合并成了一个。

184—205 中国的黄巾军反抗汉朝统治。

约200 佛教传入西藏。

手工雕刻的中国木制活字印刷托盘

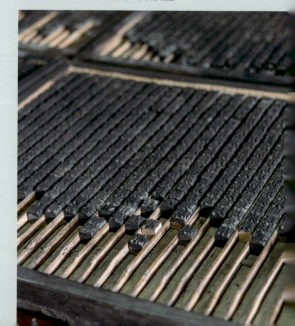

一座中国茶馆雕塑

200 到那时，大型织布机在中国广泛应用，这使得大规模生产布料成为可能。

3世纪早期 中国诗人兼军事领袖曹操完成首部对《孙子兵法》的注解之作。

220 中国陷入三国争霸的局面。

木版印刷是中国发明的，最早被用于纺织品上。

中国古典山水画得到发展。

约220 伞发明于中国。

250 茶在中国成为一种老少咸宜、颇受青睐的饮料。

300 金属马镫常见于中国马术。

316 草原上的游牧和半游牧民族在中国北方定居后，接管了洛阳。晋人放弃黄河流域，迁往现在的南京，开启了东晋时期。

372 佛教传入朝鲜半岛。

约380 净土宗开始在中国深入人心。

399 中国佛教僧人法显启程前往印度。他的游记可谓一份不可小觑的历史文献。

约400—500 入侵者迫使中国北方人迁移到长江下游。那里的土地开阔、排水便利，变得比华北平原更有生产力。

约450 世界上最大的坟墓——日本"大仙古坟"，是为仁德天皇建造的。

约495 河南的少林寺有"中国武术之乡"之称，距离洛阳约20英里（30千米）。

约526 印度佛教徒菩提达摩抵达中国。他创立了禅宗。

538—552 佛教传入日本。

550 蚕从中国走私到中东。

577 在中国出现了火柴的雏形。

581 隋朝开始对中国律法和行政的改革。

约581 在中国，压制的茶块最早被用作货币流通。如今人们喝茶是为了享受它的美味，而不仅仅出于某种医学缘由。

588 隋朝再次统一了中国。

约600 "神道教"的名字，意思是"众神之道"，是日本本土的宗教崇拜。

605 中国大运河开通，连接黄河和长江。

607 法隆寺建于日本奈良，寺庙上的佛塔是世界上现存最古老的木结构建筑。

司马迁

克尔白（Kaaba）

　　天房克尔白，位于沙特阿拉伯麦加大清真寺的中心，由花岗岩和大理石建造而成，通常由一种颇具仪式性的黑色幔帐覆盖。它被所有穆斯林视为最神圣的地方，无论他们在世界的什么地方，当他们祈祷时，都会朝向克尔白的方向。穆斯林圣书《古兰经》规定，所有力所能及的穆斯林一生中至少要到克尔白朝觐一次。其中包括围绕着克尔白逆时针走七圈，这种绕行称作"巡游天房"，也叫作"塔瓦夫"。朝圣最重要的时间是一年一度的朝觐仪式，这期间，数百万穆斯林会抵达麦加。

伊斯兰朝圣者巡行于伊斯兰最神圣的地方，沙特阿拉伯麦加的克尔白

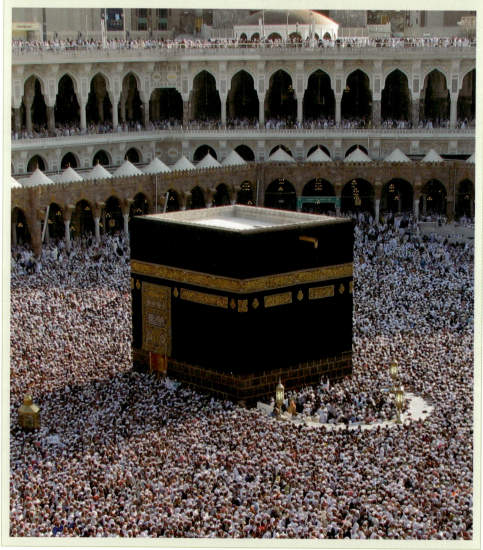

穆罕默德出生于公元570年左右的阿拉伯半岛麦加（Mecca，今沙特阿拉伯），他很小的时候就成了孤儿，先后由祖父和叔叔照顾。他来自一贫如洗但受人尊敬的古来氏部落（Quraysh tribe）的哈希姆（Banu Hashim）家族。

年轻的穆罕默德在骆驼商队里为他的叔叔干活，他先是去了叙利亚，后来又去了印度洋。他诚实可靠，这从他的昵称就可以看出，"al-Amin"即有"值得信任"或"忠诚"之意。

在穆罕默德20岁出头的时候，开始为比他大15岁的女富商赫蒂彻（Khadihah）工作，之后两人结了婚。

穆罕默德是一个非常虔诚的人，他经常去麦加附近的一个洞穴里祈祷和冥想。公元610年，他在冥想时从天使那里得到了第一个启示。虽然伊斯兰教历在几年之后才开始，但这次启示宣告了亚洲古代世界的终结。

在天使的指引下，穆罕默德记住并

570 穆罕默德诞生。
610 穆罕默德收到了他的第一个启示，预示着穆斯林时代的开始和古代世界的结束。

背下了这些启示，形成了《古兰经》的文本。他的妻子和堂兄最先将他视为先知，并接受他传达的教义，也就是主宰宇宙万物的只有一个神，他的名字叫安拉（Allah），穆罕默德是他的使者。然后当穆罕默德开始向民众布道，当他提出反对偶像崇拜和多神教时，他冒犯了当地的统治者。

公元622年，穆罕默德和他的追随者觉得他们必须逃离麦加，前往麦地那（Medina）。这一旅程被称为"希吉来"（迁徙），也正是这一年标志着伊斯兰教历的开始。穆罕默德所宣扬的宗教被称为伊斯兰教（顺服），而穆斯林的意思就是"顺从（真主）的人"。

印度15世纪的《古兰经》

参考文献

Bahrani, Z. *Mesopotamia: Ancient Art and Architecture.*

Bauer, Susan Wise. *The Story of the World: History for the Classical Child*, Vol. 1.

Bingham, Jane. *The Usborne Internet-linked Encyclopedia of the Ancient World.*

Cline, Eric H. 1177 BC.

Cotterell, Arthur. *Asia: A Concise History.*

Dalal, Roshen. *The Compact Timeline History of the World.*

Ebrey, Patricia Buckley. *The Cambridge Illustrated History of China.*

Editors, Charles River. *The Empires of Ancient Persia: The History and Legacy of the Achaemenids, Parthians, and Sassanids in Antiquity.*

Editors, Charles River. *Sumer: The History of the Cities and Culture that Established Ancient Mesopotamia's First Civilization.*

Frankfort, Henri. *The Art and Architecture of the Ancient Orient.*

Haywood, John. *The Penguin Historical Atlas of Ancient Civilisations.*

Holcombe, Charles. *A History of East Asia.*

Huang, Ray. *China—A Macro History.*

Lassieur, Allison. *Ancient Mesopotamia* (*Ancient World*).

Leick, Gwendolyn. *Mesopotamia: The Invention of the City.*

Liu, Jing. *Foundations of Chinese Civilization: The Yellow Emperor to the Han Dynasty* (2697 BCE–220 CE).

Liu, Xinru. *Ancient India and Ancient China: Trade and Religious Exchanges, AD 1–600.*

Loveday, Helen et al. *Iran: Persia Ancient and Modern.*

MacArdle, Meredith. *The Timeline History of China.*

Marr, Andrew. *A History of the World.*

Marriott, Emma. *The History of the World in Bite-Sized Chunks.*

Martell, Hazel Mary. *The Kingfisher Book of the Ancient World.*

Parker, Edward Harper. *Ancient China Simplified.*

Roberts, J.M. *The New Penguin History of the World.*

Scott, Michael. *Ancient Worlds: An Epic History of East and West.*

Van De Mieroop, Marc. *A History of the Ancient Near East, ca. 3000–323 BC* (*Blackwell History of the Ancient World*).

Woolf, Alex. *The Ancient World: 4500–500 BCE.*

A to Z of the Ancient World.

The Timechart History of Jewish Civilization.

网站

Ancientchina.co.uk

Ancientindia.co.uk

Mesopotamia.co.uk